Photo : Kaname.Koike

G.Loomis
9'
6 WT
PRO4X

 ブラックバス Largemouth bass *Micropterus nigricans* スズキ目サンフィッシュ科オオクチバス属

バスの基本的なプロポーションはこんな感じ。オオクチバスの名の通り、口と頭が大きく、胴体は太く、尾ビレもよく発達する。側線に沿って黒い斑紋があるのも特徴。

米国フロリダ州で釣れた個体。アメリカの中南部では背中が黒いバスが釣れることが多く、これが「ブラック」バスの名前の由来になったと言われている。写真はバスの一種であるフロリダバス。ラージマウスバスとの違いは見た目ではほとんど分からないがバスの中で最も大きく成長する。ちなみに釣り人はヒロ内藤さん。

背中から胴体の2/3くらいが緑色を帯びている個体が多いようだ。冬場には緑色が薄くなり、全体にシルバーっぽくなる個体もいる。

一般によく知られているブラックバスは通称で、オオクチバスが正式な和名だ。ラージマウスバス、単にバスとも呼ばれる。

原産地は北アメリカおよびメキシコ北部とされる。日本には１９２５年に神奈川県芦ノ湖へ初めて移入された。現在は北海道を除くほぼ全国に分布している。

生息域が広がった理由には諸説がある。アユ、ヘラブナなど在来魚の水産放流事業に、バスの稚魚が紛れていた可能性、当時の釣り人の手による移殖、また地域振興の一環として、正式な手続きを経てアメリカから移殖された例もある。

移殖放流の規制が始まったのは１９９２年、外来生物法の制定は２００４年だ。

生息域は主に湖沼、池、河川の中下流部など。繁殖期は地域差があるがおおむね４～６月。産卵が終わると、卵と孵化した稚魚をオスが保護

まれに釣れるお腹側が黄色い個体。1990年代まではよく見かけたが、近年はほとんど見かけなくなっているように思う。遺伝子的な差異は分からない。体型、体色ともに生息環境による個体差が大きい魚だ。

バスの稚魚。5～6月に水面近くを泳いでいる。保護役のオスが愛情たっぷりで守るのだが、季節が進むと稚魚も捕食対象になる。自然はきびしい。

20cm弱の小バスだが、上アゴに微細な歯が見える。上下のアゴはヤスリのようにザラザラしていて獲物を逃しにくい。これを逆手にとったフライもアリだ。

する習性がある。

食性の範囲は広い。小魚、エビやカニ、カエルやイモリ、ヘビ。トンボやセミ、幼虫のヤゴ、さらにはネズミや水鳥のヒナなどを捕食している個体もいる。

もともと好奇心が旺盛な魚で、フライやルアーに対して積極的に反応する。特に初夏によく見られる15～20㎝ぐらいの小バスは、警戒心よりも好奇心の方が勝るようで、フライを投げると群れごと集まってくる傾向がある。

フライでよく釣れるのは25～40㎝前後。ジャンプ（エラ洗い）することも多い。トロフィー的な価値があるのは50㎝以上。やわなタックルだと完全にのされてしまう。このクラスのジャンプは迫力満点だ。最大60㎝以上（ロクマル）に成長する。

本書ではラージマウスバスを単にバスと表記する。外来生物法については109頁を参照。

Photo：Kaname.Koike

ブルーギル Bluegill　*Lepomis macrochirus* スズキ目サンフィッシュ科ブルーギル属

大型化すると独特の風格を感じさせる。大きなオスは頭部（オデコ）が盛り上がってくるのも特徴。同じサイズのバスよりも強い引きで楽しませてくれる。写真のサイズになると５番ロッドが欲しい。

小・中型ギルは日中、水面近くに浮いていてエサを探している。上から落ちてくるものへの反応が抜群にいい。葦の際は第一級のポイント。

産卵期を迎えると体色が濃くなり、エラぶたの青黒い斑紋だけでなく、目のまわりやエラぶた下部も美しいコバルトブルーに染まる。

マダイのように体高があり、平べったい体つきが特徴。エラブタの後端に青黒い斑紋がある。ブルー（青）色のエラ（ギル）が名前の由来。単に「ギル」と呼ばれることも多い。

サンフィッシュ科の淡水魚で、原産地は北アメリカとされる。日本には1960年に、明仁親王（現・上皇）が米国シカゴから移入し、後に静岡県の一碧湖《いっぺきこ》へ6000尾を放流したのが始まり。

バスと同じく特定外来生物に指定されているため、飼育や移殖は禁じられている。現在はほぼ全国に分布し、湖沼、池、河川の中下流部に生息している。

繁殖期はおおよそ6〜7月で、すり鉢状の産卵床を作る。バスと同じく好奇心が強い魚で、フライに対してもきわめて好反応。食性は雑食性だが動物食性が強めで、主に昆虫や小魚、動物性プランクトン、植物（木の実類）などを捕食する。

特別な準備はいらない。渓流用の3、4番タックルで十分。エルクヘアカディスなどのドライフライを水面でスーッと引くと群れで追いかけてくる。フライを呑みやすいのでロングシャンク、サイズは大きめがいい。

夏場、群れているギルは無限に釣れる。子供でも初心者でもたくさん釣れる。しかしいったんいなくなると、全く姿を消してしまう。そんな時は特定の場所に集まっていることが多い。気のいい反面、不思議な魚でもある。

たまに釣れる黒っぽいギル。これも遺伝子的なことは分からないが、ダム湖の岩盤周辺で釣れることが多いので、保護色の一種だと思われる。

10㎝以下の小型魚は食欲が旺盛でしばしば簡単に釣れすぎる。そのためギルはイージーな対象魚と思われがちだ。しかし15㎝を超えてくると学習能力の高さから、一筋縄ではいかない相手に変貌する。

　フライによく反応し、引きもそこそこ強い。渓流用の道具ですぐに始められるため、フライフィッシング入門の相手としては身近な魚といえる。ひとつの目安として15㎝以上の大きさを目指してみよう。まれに30㎝以上に成長するが、めったに出会えない。

　バスのようにジャンプはしないが、幅広の魚体ならではの電撃的な引き味が小気味いい。低番手のタックルでの20㎝オーバーのギルとのやり取りは、非常にスリリングだ。

　北米では大型のギルをパンフィッシュと呼ぶ。フライパンでバター焼きやムニエルで調理されるのにピッタリなサイズであることに由来する。皮を剥いだ肉は白身でおいしい。

真冬といえど、バス／ギルがまったくエサを食べなくなるわけではない。穏やかで暖かい日が続けば釣れることも。太陽光がなるべく長時間当たるシャローで、近くに深場があればなおグッドだ。

日当たりのいい岸際のウッドカバーで越冬している5cmくらいのギルたち。朝夕は水底の落ち葉や岩の隙間に隠れていて、日中になると出てくるようだ。

3月になるとスポーニング(産卵) を意識したバスが、表層をウロウロするようになる。徐々にフライでも釣りやすくなる。

文　山本克典

バス／ギルの1年間の動きはよく似ている。釣りをするうえでのアプローチは、ほぼ同じと考えていい。

バス／ギルとも繁殖期が最大のキーポイントで、その時期を境に釣り方も変化していくことを覚えておきたい。

以下の項目は関東地域を基準にしているため、近畿以南の西日本では少し早く、逆に関東以北の地域では少し遅くなる。

1〜2月

フライフィッシングでは非常に釣りづらい時期。

バス／ギルの原産地の北アメリカとメキシコ北部でも、冬季は低水温のために活性が低く、かつ深場で越冬していることが多い。

とはいえ、同じ2月でも雪が降り積もる北部の五大湖周辺と、薄手のシャツ1枚で過ごせる南部のフロリ

ネスト（産卵床）を守っているオスのバス。この時期のオスは何より卵を守ることを優先する。侵入者のルアーやフライへ反射的に反応するので、あっけなく釣れてしまうこともある。卵を守る姿は、健気に見える。そっと見守ってやりたい。芦ノ湖漁協では釣らないことを推奨している。

ダとでは、バス／ギルの活性はまるで異なる。

これは日本においても同じで「ウインターバッシング」が成立しやすいのは、関東以南と考えておこう。

真冬でもシンキングラインでボトムを引きずるような釣り方をできないことはないが、もし釣れればかなりラッキーと言える。狙うべきレンジはディープというか、ほぼボトムだ。

3～4月

徐々に春らしくなってきてバス／ギルともに活性が高まり始める。三寒四温のことわざの通り、この時期は気温も水温もアップダウンが激しく、なかなか安定しにくい。

人間の方は早々に春を意識してしまうが、朝夕の冷え込みを考えると3月前半の水中はまだ冬に近い。

4月になってポカポカ陽気が数日続くようになれば、バスは産卵を意識した個体がシャローに集まり始め、

婚姻色の出たブルーギルのオスを〝ボス〟と呼ぶ人もいる。以前は観賞魚としても人気だった。

岸釣りで釣果を伸ばすならヤブ漕ぎは避けられない。虫除け対策、日焼け対策は万全に。ヤブの先にはパラダイスみたいな釣り場があるかもしれない。

スポーニングを終えたバスは、一様にこういった痩せた姿をしている。体力も減退しているのか、スローな誘いやホットケ（放置）に出ることが多い。

ギルも表層に浮き始める。

バス／ギルは水温が10～20℃になると食欲が増し、20～27℃で最も活発に捕食するとされる。

トラウトほど水温を気にすることはないが、おおむね16～27℃が、バス／ギルの適水温と覚えておこう。

5～6月

ゴールデンウィークを迎える頃にバスは繁殖の最盛期を迎える。クリアレイク（22頁参照）のシャローでは産卵床で卵や稚魚を守っているバスを見ることが増える。

これらはオスのバスだ。外敵を排除する意識が強く、フライを直接投げ込んでも逃げるどころか反対にフライを襲って、あっけなく釣れてしまうことがある。

いわゆるネスト打ちという、この時期のオスの習性を利用した釣り方ではあるけれど、守り手を失った稚魚や卵は外敵の餌食になってしまう。

初夏はブラックバス／ブルーギルのフライフィッシングに最適な季節。自分の好きなフライパターンをあれこれと使い、好きな狙い方ができる。水面近くで釣るのがエキサイティングである。

今後もバス釣りを楽しみたいのであれば（地域の条例などに反しない限り）速やかにリリースするか、狙わない方がいいだろう。実際に私は10年ほど前から、明らかなネスト打ちはしないことにしている。

産卵後のメスや産卵床の保護を終えたオスは、体力を回復させるため深場へ落ちたり、カバーの奥に潜んでじっとして、エサ生物が近くにやってくるのを待ち伏せすることが増える。水面に落ちてくるものへの反応が良くなるのが、ちょうどこの頃。

繁殖期をさらに詳しく考えると、プリスポーン（産卵前）、ミッドスポーン（産卵中）、アフタースポーン（産卵後）に分類される。それぞれで居場所も釣り方も変わってくるが、最初のうちは一括りに考えておけばいい。

バスとギルが一緒にいる水域では、ギルの繁殖期は、バスの繁殖期のおおよそ半月から1か月後と覚えておこう。

秋は水温の低下とともにバス／ギルは高活性になる。特に小バスのスクールに当たると、入れ食い状態になることもある。

野池の多くは田植えのタイミングで減水する。その後、雨が少ないとそのまま秋冬を迎え、そこに生きるバス／ギルに大きく影響する。

ダム湖には時々こういった滝があり、真下には暑さをしのぎたいバス／ギルが群れていることがある。人間も涼みつつ、観察するのが楽しい。

7～8月

1年で最も水温が高くなり、多くの水域でバス／ギルの適水温を大きく超える。そのため水温が少しでも低い場所に移動しようとする。

具体的には流れ込みやオーバーハングの影、深場や湧水のある場所など。これらの条件に加えてエサとなる生き物が供給されやすい場所であれば、一等地と考えていいだろう。

暗いうちに積極的に捕食することが多いので、朝まずめや夕まずめはもちろん、釣り場のルール的に問題がなければ夜釣りも面白い。

9～10月

日に日に適水温になっていく時期である。訪れる冬を乗り切るために体力を蓄えなければいけないバス／ギルは、広い範囲でエサを探す。

フィールドによってはワカサギやオイカワなどの小魚の群れをバスが積極的に追うため、中層の釣り

バスとギルはすでに約100年も私たちの暮らしに身近な水辺にいる。観光業などで釣りを大切な生業の糧としている地域もある。この先は現在の自然の状況に見合った新しい付き合い方があるのではないか。

がメインになる場合もある。

また急激な冷え込みにより表層の水と深層の水が入れ替わる（ターンオーバー）ことがあり、これが起きると一時的に水質が悪化してバスやギルが低活性になる。

11〜12月

気分的にはシーズンオフだが、実際は意外と釣れる。特に近畿以南では暖かい日が続いた年なら、クリスマス頃まではバス／ギルともに表層で食ってくることもある。

本格的な冬に備えて越冬場所に移動し始めるのもこの時期。代表的なのは湧水のあるエリア（冬でも水草が茂っている）や日当たりが良い深場がいい。河川では温排水の流れ込み、船溜まりなどの水が動きにくいエリアも越冬場所になる。

頻繁にエサを追うことは減るが、同じく越冬場所に移動してきた小魚や水生昆虫などを捕食して過ごす。

初めての釣り場ではなかなかいい結果は得られない。定番のパターンを軸にして、自分の経験と想像力を最大限に活かして探っていく。最初の1匹との出会いは感動的ですらある。

植物が生い茂る前の３～４月はまだ岸釣りがしやすい。ポイント探しは冬～早春がおすすめだ。

＃３の渓流タックルでギル釣りをしていた時にヒットしたバス。25cmくらいまでなら低番手でも大丈夫。

文　山本克典

バスとギルを釣る手順として、細かい釣り方やフライから入るのではなく、ざっくりプランを決めてスタートするのをおすすめしたい。

ここでいうプランとは「とにかく数を釣りたい」だったり、「でかバスが釣りたい」だったり、「表層で釣りたい」といった志向というか、好みの釣りスタイルのこと。

フィールド選び、ポイントの取捨選択、道具立て、ヒットフライ……という具合に、複数の要素を重ねていくことでヒットの確率が高まる。

このシステマチックさこそ、バス釣りの醍醐味だったりする。と言いつつ、「今日は水面で釣りたい！」という思いだけで、他の要素を無視するのも間違いじゃない。要は自分なりの方針を決めておけばいい。

とはいえ最初は釣れないと楽しくないのも事実なので、ここでは一般的なプランというかコツを挙げてみる。

真夏、８月の炎天下、山中湖・平野ワンドに立ち込んで投げたマドラーに出た良型。まさか出るとは思わなかった。システマチックな攻略もできるが、バス釣りにはこういう驚きが多い。何年も記憶に残る。

①シーズナルパターンで考える

10〜15頁で述べたように、バスやギルは季節で行動が変わる。その動きに合わせた釣り方をすることで、釣れる確率をアップさせる考え方。

年によって多少のズレはあるが、基本は毎年ほぼ変わらない。ひとつの釣り場の四季をひと通り経験しておくと、次のシーズンに経験が活かしやすい。季節の移ろいを楽しめるアプローチである。

②その日の状況に合わせる

四季という大きな変化ではなく、日ごとの変化を察知して、釣り方を合わせていく。初心者向きではなく中級者向きの方針で相応の経験とカンが必要。状況を正確に把握できれば、その日の最初の1尾に大きく近づけるし、満足度も高い。

変化とは、太陽光線の具合、風向き、水の流れ、エサ生物の動き、他の釣り人の動向などが含まれる。

忘れられないフィールド。見渡す限り人工構造物がない水域に、何種類もの水生植物が繁茂し、野鳥や昆虫、カエル、ザリガニなどの姿も多い、バス／ギルの釣り場。調和した〝新しい野生〟だと感じた。

田口清輝さん（64頁）にもらったフライで釣った。バスがまるでタバコを喫っているように見える。こういうおふざけができるのもバス／ギル釣りの楽しさ。

自信バリは大切。〝とりあえずパピーリーチの黒を投げておけば、フライのせいで釣れないことはない〟というようなフライを持とう。

③いろいろな方法を試す

初めての釣り場を探る時などの方針。次々に釣り方やフライを変え、魚の反応を得られたものや可能性を感じるものに絞っていくやり方。手数と釣り方のバリエーションが求められるが、頭をフル回転させて戦略を組み立てる面白さがある。

よく釣る人はポイントを的確に選択する一方で、見切りも早い。さっさと移動するのはもちろん、釣り方もフライもこまめに変えているものだ。

④ワンパターンで通す

シーズナルパターン、状況把握などお構いなし。自分のやりたい釣り方、自信がある釣り方で押し通す、わがままなやり方。

まったくダメなことも多いが、時々状況の方が釣り方に合ってくることもある。周りが中層で釣っていても自分だけ表層を引き続けていたら、急にボイルが起きて一番大きなバス

秋雨前線が去った直後の霞ヶ浦。案の定、水位はかなり高かった。ちょうど沖合に有名なバスプロが浮いていて、自分のポイント選びが外れてないことが妙に嬉しかった。

をキャッチできた……、なんて話はよく耳にする。

これらのプランはそれぞれ別に考えてもいいし、複合して考えられるならなおいい。結果として自分のプランが間違っていて釣果が悪かったとしても、失敗から得るものはある。頭脳ゲームとしての満足感は深い。

個人的には、①を大前提として、自分の経験やカンを頼りに②のプランでバス／ギル釣りをすることが多い。しかし新しいタックルやフライパターンを試したい時は③だし、今日は一日のんびり楽しみたいと思った日は、覚悟を決めて④のプランを選ぶこともある。

魚の生態を知り、自然の状況に合わせてシステマチックに釣りを組み立てることもできる一方で、自分の好きなように楽しめるのも、バス／ギル釣りの楽しいところだ。

とある険しいウッドカバーに潜んでいるのが分かっていたが、フライではなかなか手が出せず。何度も通い続け、カバーから離れるタイミングを把握して食わせた、乾坤一擲の１匹。

プランを決めて釣りを組み立てるのは釣り競争のトーナメントみたいだ。そこまでしてバスやギルを釣らなくても、もっと気楽に楽しみたい、という向きもおられるだろう。

まったくもってその通りだ。遅く起きた日曜の午後にちょっとだけとか、仕事終わりの夕方のチョイ釣りに、プランがどうのこうのとかしゃら臭い。ただ適当にやって釣れるほどイージーな釣り場は稀有だし、多くのバスやギルはそこそこスレている。ではどんな釣りで楽しむ？

①時間帯

朝まずめや夕まずめといった「よく釣れる時間帯」だけ狙う。通勤通学のついで釣行も可。日々の状況差が分かるのが強み。自ずと短時間になるので、道具はシンプルな方がいい。釣り場によっては釣れる時間帯が朝夕とは限らないこともある。

②障害物オンリー

バスやギルは障害物（カバー）が大好き。なので目に見える障害物を徹底的に狙う考え方。キャスティングの精度が求められるため、練習を兼ねて挑戦してみるのもあり。

③サイトフィッシング

水面に見えている魚のみを狙う。ギルはよく浮いているし、小バスは群れで表層を泳いでいるので見つけやすい。フィールドにもよるが、ルアーよりもフライフィッシングの強みを活かしやすい釣り方だ。

④エサ生物を意識する

「マッチング・ザ・ハッチ」に相当する「マッチング・ザ・ベイト」で狙う考え方。観察や推測によって、バス／ギルが今何を食べているかを絞り込んでいき、イメージしたフライパターンで迫る。春先に接岸するワカサギ、夏のテレストリアルなど。

ファミリーでの釣りにもバス／ギル釣りは最適。ブルーギルならボウズになる方がむずかしいくらい。いい季節を選べばフライでルアーでエサ釣りで楽しめる。水辺での思い出に残る一日を。

⑤とにかく粘る

あのポイントに居るのはわかっているけど、いつ口を使うかわからない。そんな時には時間をかけて狙う。どんなにスレた魚でもエサを取る。1日のうちにほんの数分間かもしれないが、口を使うタイミングはくる。その瞬間まで狙いをつけたポイントでとにかく粘る。大物を狙って釣る人は観察力に長け、一様にしつこい。

⑥釣り仲間とわいわい楽しむ

気心の知れた友人たちと横並びで釣ったり、ボートやフローターで集まったりと、バス／ギルのフライフィッシングをみんなで楽しむ。仲間うちで釣果を競うミニトーナメントをやっても楽しいし、雑談しながらのんびり釣ってもいい。

湖畔のキャンプ場や親水公園であれば（利用規則上ＯＫなら）、家族でデイキャンプをしながらアウトドア趣味の一環として楽しめる。

フライフィッシングビギナーにとって、バス／ギルは最初の相手として最高だ。

バス／ギルはありとあらゆる水域に生息している。自然湖、ダム湖、沼、池、大規模河川、小河川、水路と釣り場の規模が変われば、釣り方も大きく変わる。

同じ自然湖でも、平地にある湖と山の上にある湖ではシーズナルパターンもそこにいるベイトも異なる。障害物の多い少ない、水の透明度によって、見える魚の数も変化する。

現地で自分で見て感じ取ったことからプランを組み立てたり、釣り方を考える。同じフィールドに通い続けるのは、バス／ギル釣りに限らず上達への早道だ。

次ページからはバス／ギルがどんなところにいるかを、各フィールドごとに解説していこう。

バスとギルは、山上湖から大河川、公園の池、田んぼ脇の用水路まであちこちにいるが、より生息に適している環境を知ることで、最初の1匹がグッと近づく。代表的なフィールドを自然湖、ダム湖、池、河川に分けて解説していこう。入漁料などが必要な釣り場もある。必ず確認すること。

文　山本克典

まるで海のような広大さを誇る琵琶湖。日本を代表する自然湖だ。世界記録のバスは琵琶湖で釣られている。思いきりキャスト。

(1) 自然湖

クリアレイク

自然湖とは地殻変動や火山活動で生じた窪地に水が溜まったり、川が堰き止められてできた湖。バス／ギルの釣り場として知られているのは神奈川県の芦ノ湖、山梨県の河口湖、山中湖、西湖、滋賀県の琵琶湖など。

自然湖の中でも通常時の水色が透明な湖をクリアレイクと呼び、琵琶湖、芦ノ湖、河口湖などもクリアレイクに分類される。

山の上にある湖を山上湖と呼び、近隣は観光地化されていることが多い。そのため湖周道路や駐車場が整備されていて水辺に近づきやすく、岸から釣りをしやすいメリットがある。反面、水の透明度が高く、訪れる釣り人の数が多いのでバス／ギルの警戒心が強い。

観光シーズンには水辺のレジャー（観光遊覧船やスワンボート、ウェイクボード、パラセーリングなど）の利用客も増加するため、プレッシャーがさらに高まりやすい。

一方、ポイントの変化に富んでいるのも自然湖の特徴。岬やカケアガリ、浜、ワンド、流れ込み、流れ出し、湧き水、水草、アシ群、桟橋、ブイや取水塔など。

平地の湖であれば、沖のシャローフラット。火山由来の湖であれば溶岩帯もバス／ギルが好むポイントになる。ポイントへのアプローチは岸釣り、ボートのほか、ウェーディングにも向いている。

バスは岸近くにいる

覚えておいてほしいのが、バスは、岸近くにいる場合が多いこと。沖の地形変化やベイトフィッシュの群れを追って回遊したり、はたまた中層でボーッと浮いている個体もいるが、基本的にバスは障害物を好む魚（カバーフィッシュ）だ。障害物の多く

風光明媚な自然湖は、観光地化されていることも多い。独特の景観の中で釣りをするのも醍醐味。箱根・芦ノ湖の遊覧船を眺めながら、ボートからバスを狙う（74頁）。観光地では観光客とのトラブルに注意。

は岸近くに存在している。

フライフィッシングで狙うべき水深（レンジ）も水面から3mくらいが対応しやすいことを考えると、ポイントへのアプローチ方法は違えど、意識するのは岸近くの障害物ということになる。これはクリアレイクでもマッディレイクでも同じだ。

増水時はチャンス

またバスは増水時に活発に行動することも覚えておきたい。

台風などの災害級の増水時に釣りをするのは論外だが、自然湖では長雨の影響や湧水量の変化によって、しばしば水位が上がり平水時に陸地だった場所まで水が広がる。

このような状況になるとバスは冠水したエリアにいち早く進出して捕食活動を行うことが多い。冠水した植物周辺、切り株、倒木、大岩などまるでジャングルの水辺のような場所が狙いめになる。

背ビレが見えてしまうような浅い場所にもやってきて盛んにエサを探しているので、もしこういう状況に遭遇したらビッグチャンスだ。

クリアレイクの多くは、生息する魚種が豊富なのも特徴といえるだろう。ワカサギ、オイカワなどの小魚（ベイトフィッシュ）はバスを狙ううえで無視できない。小魚を追いかけている時、バスはしばしば水面近くでボイルするので分かりやすい。

ブルーギルの場合はベイトフィッシュへの意識はそれほど必要はないが、そのぶん水生昆虫や甲殻類に着目したい。

食われているエサに合わせるのがフライ選びの基本。

霞ヶ浦。古くから水運が発達し、江戸の暮らしを支えた。近隣の北浦、与田浦、外浪逆浦に加え、利根川、常陸利根川、新利根川などの河川とそれらを繋ぐ水路も含めて「霞ヶ浦水系」と呼ぶ人も多い。

マッディレイク

マッディというのは、他の湖に比べて透明度が低いという意味で、常に茶色く濁っているわけではない。

マッディレイクの代表は、茨城県南東部にある霞ヶ浦、北浦、秋田県の八郎潟、滋賀県の西の湖など。湖ではないが、茨城県の牛久沼、千葉県の印旛沼もマッディである。

平野部にあって水深が比較的浅いのが共通点で、農業用水として利用されていることが多い。人里近くで交通アクセスがよく、季節の進行は山上湖より早い。早春からバス／ギルが釣れ始めることで知られる。

マッディレイクの湖岸は道路が整備され、護岸や消波ブロック、水門、漁港やスロープ（ボートの上げ下ろしに使う斜面）といった人工構造物が見られる。護岸されていないエリアにはアシなどの水生植物が群生している場合が多く、いずれもバス／ギルのポイントとなっている。

ポイントへのアプローチは岸釣り、ボートなど。大きく移動しないのであればカヤックやサップもいい。

濁っていて水中が確認できないのと、泥底の場合があるために、足元に不安がある。安易なウェーディングは避けたい。

渓流の釣り上がりに似ている岸釣り

一番のおすすめは岸釣りだ。

前述したようにバス／ギルは基本的に岸近くの障害物に潜んでいることが多い。マッディレイクでも同じで、一見何も障害物がないように見えるコンクリート護岸でも、足元がえぐれていたり、水中で岩盤が張り出していたりする。岸辺を広範囲に歩きながらていねいに探れば、こうした場所に隠れているバスに巡りあえる。開けているならテクトロ（108頁参照）も有効だ。

またアシやヒシモ、ハスといった

バス／ギルが釣れる代表的な自然湖（池・沼も含む）

クリアレイク		西湖	（山梨県）
桧原湖	（福島県）	本栖湖	（山梨県）
小野川湖	（福島県）	青木湖	（長野県）
秋元湖	（福島県）	一碧湖	（静岡県）
猪苗代湖	（福島県）	木崎湖	（長野県）
榛名湖	（群馬県）	希望湖	（長野県）
芦ノ湖	（神奈川県）	琵琶湖	（滋賀県）
河口湖	（山梨県）	江津湖	（熊本県）
山中湖	（山梨県）	御池	（宮崎県）
精進湖	（山梨県）	薩摩湖	（鹿児島県）
マッディレイク		印旛沼	（千葉県）
八郎潟	（秋田県）	手賀沼	（千葉県）
霞ヶ浦	（茨城県）	多々良沼	（群馬県）
北浦	（茨城県）	城沼	（群馬県）
外浪逆浦	（茨城県）	西の湖	（滋賀県）
牛久沼	（茨城県）	河北潟	（石川県）

ワンド（湾）は好場所。

観光の目玉になっている湖。

護岸は釣りやすいが危険。

シェード下のバスが丸見え。

定置網には近づかない。

水生植物周りに注目。

水生植物も格好のポイントになる。

全体的に浅いマッディレイクだからこそ、近距離をテンポよく探っていける岸釣りが有利だ。障害物の周辺を身軽に叩いて歩いて行く釣り方は、渓流の釣り上がりに似たゲーム性がある。

急な増水に注意

霞ヶ浦、北浦周辺には利根川をはじめ、常陸利根川、新利根川といったいくつもの河川が集まっていて、一大水田地帯となっている。近くの牛久沼、印旛沼とも水路で繋がっている。

水郷地帯と呼ばれるこの地域には大小さまざまな水路があり、当然これらにもバス／ギルがいる（近年はかなり減少しているが）。こういった小場所ばかりを釣り歩くのも楽しいものだ。

4番くらいのライトタックルで夕方の2時間だけ……という風に、日常の釣りに取り入れやすいだろう。

マッディレイクも増水時にバスのテンションが上がるのは同じだが、クリアレイクと異なるのは、水門の開閉や農閑繁期の影響を大きく受けるところ。

平野部にあるマッディレイクは、治水面で重要な存在だ。そのため水かさを人為的にコントロールしていることがほとんどだ。大雨から1週間以上もたっているのに、釣り場に着いたら予想以上に水位が高く、いつもは歩ける護岸が冠水していた……なんてことはよくある。また、強風の日には波が高くなって濡れた護岸が滑りやすくなる。

増水がチャンスという前に、安全を確保できる状況かどうか、慎重に判断してもらいたい。

いずれにせよ立ち入り禁止地区、私有地への無断侵入は絶対にしないこと。トラブルを起こすと釣り場が減ってしまう。

山間部の急峻な地形に広がる広大な止水域がダム湖の特徴。日本各地に大小さまざまあるが、バス／ギルが釣れるところは意外に多い。レンタルボートやガイドサービスが充実しているのも魅力。

（2）ダム湖

ダム湖はリザーバーまたは人造湖と呼ばれ、山間部の河川を人工的に堰き止めて造られたもの。

バスレイクとして有名なのは奈良県の池原貯水池、七色貯水池、千葉県の亀山湖、高滝湖、神奈川県の相模湖、津久井湖、岐阜・愛知県の奥矢作湖、兵庫県の青蓮寺湖、岡山県の旭川ダム、高知県のさめうら湖など、全国に多数存在する。

規模は大小さまざまだが、共通しているのは水辺の大部分が切り立った斜面（というか、ほぼ崖）で、立ち枯れた樹木、湖岸には倒木（レイダウン）や切り株（スタンプ）といった樹木由来の障害物（ウッドカバー）がよく見られる。

湖底には昔の川筋の跡（チャンネル）や集落や道路、田畑の跡などが残っていて、複雑な変化を生み出している。

また流れ込み（インレット）がいくつもあることがほとんどで、ダム湖の上流に当たる流れ込み（バックウォーター）は水温が低く水通しがいい。夏には外せない好ポイントだ。

ボート釣りが有利

ダム湖は地形的な問題からシャローエリアがほとんどないため、岸釣りよりボートを利用したアプローチが適している。レンタルボートやガイドサービスを利用すれば、機動力を活かした釣りが楽しめる（前段で例にあげたダム湖にはこれらのサービスが整っている）。

船舶免許が必要なレンタルボートもあるが、免許に関係なく救命胴衣の着用は必須。主流のエレキモーター（電動の推進機）は操作に慣れが必要なので、最初は桟橋の近くで練習するといい。

ダム湖は水位が急変することが多く大雨の後には数日〜数週間も

ダム湖は水位変動が激しい。増水するとあっという間に岸際の木々が水没して、複雑なカバーを形成する。

濁流と化すことがある。また濁流ではないものの上流部から大量の流木が押し寄せることがあり、フライではほぼ手出しできなくなってしまう。

いい釣りのためには釣行前の情報収集がカギで、ボート店やガイドへの状況確認やダムの放流量情報などを調べておきたい（ダムの放流量は、ダムがある都道府県や市町村の防災情報等でチェックできる）。

水深6m以深は無視していい

ダム湖は急峻な地形からディープレンジの釣りをイメージしがちだが、ルアーに比べてフライで探れる範囲は限られるため、水深6mより深い場所は無視してもいいだろう。

とっつきやすいのは、自然湖と同じく目に見える障害物を探っていく方法。立ち枯れた木や斜面に点在する切り株の近くにキャストして、水面や表層を意識しているバス／ギルを狙う。

立木の近くに浮いている1匹のバスを目掛けてフライを投げたら、下から湧き出るように何匹もバスが現れた……というのはよくある話。

早朝や夕方のバックウォーターで激しいボイルが起きたり、浮遊する流木などに隠れているケースなどもよく見られる。

最新鋭の魚群探知機（魚探）を使えば、水中のバスの数や大きさはもちろん、どっちを向いているかまで手に取るようにわかる時代だが、フライフィッシングでそこまで突き詰める人は少ないだろう。

ダム湖ならではの急深で複雑な地形を探っていく釣り方もある。魚探で地形の変化を探り、バスがいるであろう場所を推理して、そのレンジまで届くシンクレートのラインを用いて3次元的に攻略する。

ボートからの湖のトラウトや海のフライに慣れている人なら、それほど戸惑わずに対応できるだろう。

バス／ギルが釣れる代表的なダム湖
※ダムの名称と湖の通称が異なることが多い。

前川ダム	（山形県）	池原貯水池	（奈良県）
三春ダム	（福島県）	七色貯水池	（奈良県）
亀山湖	（千葉県）	日吉ダム	（京都府）
高滝湖	（千葉県）	生野銀山湖	（兵庫県）
三島湖	（千葉県）	東条湖	（兵庫県）
奥多摩湖	（東京都）	青野ダム	（兵庫県）
相模湖	（神奈川県）	児島湖	（岡山県）
津久井湖	（神奈川県）	旭川ダム	（岡山県）
神流湖	（群馬県）	弥栄湖	（広島・山口県）
都田川ダム	（静岡県）	府中湖	（香川県）
奥矢作湖	（岐阜・愛知県）	さめうら湖	（高知県）
三河湖	（愛知県）	北山湖	（佐賀県）
三瀬谷ダム	（三重県）	芹川ダム	（大分県）
合川ダム	（和歌山県）	市房ダム	（熊本県）
七川ダム	（和歌山県）	野尻湖	（宮崎県）

※バス／ギルが生息しているダム湖は全国に無数にある。

減水時に見られるスタンプ（切り株）。水中にある時は絶好の隠れ家。

山間部にあるダム湖の多くは、ボトムが砂礫で水質もクリア。

七色貯水池の水没した発電所跡。マンメイドストラクチャーの代表格だ。

レイダウンは崩落や落雷によって生じる一級ポイント。

ダム湖は山容がそのまま水中へ続いている。急峻な岬の水通しは良い。

ダムサイトは釣り禁止（接近禁止）になっていることが多い。

小河内ダムが多摩川を堰き止めてできたのが奥多摩湖。

上流、中流、下流に分ける

ダム湖での釣りを考えるうえで不慣れな人が陥りやすいのが、エリアを絞り込めないこと。

規模に関わらずダム湖には数多くのポイントが存在する。あっちもこっちも美味しそうなポイントに見えてしまって、あれもこれもとやっているうちに訳がわからなくなって1日が終わってしまう。

仮に水面から見える障害物だけに絞っても、そのすべてにフライをキャストして探るなんてことは到底できない。しかもバスやギルの反応がよくない日であれば、得られるヒントは少なく、釣れないスパイラルにハマってしまう。

そこで基本の考え方として、ダム湖を上流、中流、下流の3つに分ける方法を覚えておこう。

ダム湖はもともと川なので、水温、水質、流れの強弱、エサ生物の種類や数などに差がある。上流のバックウォーターと下流のダムサイト近くでは当然ながら条件が異なる。上流部は常にフレッシュな水と酸素が供給される。その反面、変化も生じやすい。

下流部は深さがあり水質が安定しているが、変化に乏しい。中流はその中間と考えると、攻略の糸口が見つかりやすい。

新緑の季節は野池の釣りが楽しい。ただ限定された水域なので、日によりコンディションの変化が著しいのも野池の特徴。1日に何カ所かの池をまわるつもりで釣行するのがおすすめだ。

(3) 野池

野池とは、古くから地域に親しまれている「ため池」を基本的に指す。その多くはダム湖と同じく貯水を目的にしており、ほとんどが農業用水として利用されている。

野池でバス／ギルを狙う前にまず必要なのが、そこが釣りをしていい池かどうかの確認だ。というのも野池の大半は個人所有の私有地だったり、地域の水利組合などが管理する共有の財産だからだ。

周囲がフェンスで囲われていたり、釣り禁止の看板がある池では当然釣りをしてはダメ。また釣りが認められていても住宅地の中や公園の一部として整備されている池では、通行人や子供に注意して釣りをしよう。

山間部や農地の中にあってフェンスや注意喚起の看板等がなければ、おそらくは釣りをしても構わないと思われるが、あくまで黙認されている程度と理解して謙虚に楽しみたい。

広く知られている釣りOKの野池としては、千葉県の雄蛇ケ池、愛知県の入鹿池、三重県の五桂池、兵庫県の天満大池など。入漁料や利用料が必要なところもあるので規則に従うこと。

魚がいるか、いないか

公であれ黙認であれ、そこが釣りのできる池であったとしても、次に悩ましいのはそこにバスやギルが生息してるかどうかの判断だ。

これこそが野池の釣り最大の問題であり、最高の醍醐味でもある。

それというのも野池は数年に一度、水を抜いて「池干し」を行う。池に堆積した泥や砂を取り除いたり、堤体の修繕、水質浄化などが目的だが、近年はバス／ギルの駆除も同時に行われることがある。

駆除されてしまった池で釣りをしても、時間の無駄でしかない。

池のまわりの木々が色づくとフローターの季節もそろそろ終了を迎える。秋は夏の高水温期を乗り越えたバス／ギルが活発に行動する季節。

30年ほど前には非常に身近で親しみやすかった野池だが、この「釣りがOKかどうか」、「バスとギルがいるか」の2点をクリアしないといけないので、現在は初心者にはかなりハードルが高いフィールドだ。

バスやギルがいるかどうかは、自分で釣りをしてみるのが一番だが、それ以外の方法として浮いている個体を探すのがいい。

初夏になると小バスは群れ（スクール）で表層近くを回遊するようになるため確認しやすくなる。

ギルは樹木の下の影や水草が繁茂するエリアを観察すると、姿を発見しやすい。池によっては4～6月頃、岸の近くに産卵床やその痕跡を発見できるだろう。

野池ならではの喜び

魚がいるかいないかのチェックから始めるのは骨の折れるものだが、それでも野池の魅力は色々な要素がみっちり詰まっているところにある。

季節ごとに変化する水質、水温、水位、エサになる生物、水生植物、池の立地条件、障害物、流れ込み・流れ出しの有無、他の釣り人の痕跡などたくさんの要素をヒントにしつつ、自然湖やダム湖よりも圧倒的に狭い水域でバスやギルの行動パターンを推理し、狙い釣っていくのは野池ならではの喜びだ。

限定された水域であるからこそ、バスやギルは日頃から飢えていることが多く、その分だけフライへの反応がアグレッシブ。つまりは初心者向きなのだ。

初心者が野池で釣りをする場合は、野池事情に詳しい経験者と一緒に行くのが良い。

おすすめの釣り方は岸釣りで、徒歩で一周できる池なら足元やキャスト範囲に見える障害物、夏季なら流れ込みや水生植物もいいポイントになる。フライラインが足元の草に

バス／ギルが釣れる代表的な野池

廻堰大溜池	（青森県）
惣の関ため池	（宮城県）
大沼	（栃木県）
宍塚大池	（茨城県）
雄蛇ヶ池	（千葉県）
東ノ谷池	（静岡県）
篠原池	（石川県）
入鹿池	（愛知県）
五桂池	（三重県）
大正池	（京都府）
服部緑地の池	（大阪府）
天満大池	（兵庫県）
水島緑地公園の池	（岡山県）
上野池	（広島県）
高知県立公園の池	（高知県）
駕与丁池	（福岡県）
藺牟田池	（鹿児島県）

このくらいの密度ならフライでも釣りができる。ライギョが掛かる可能性のある池ならタックルは＃10以上。

藻で覆われた野池でも岸ギリギリには隙間がある。浮かべて待つ！

アウトレットが水門になっている野池。ギルが群れていることが多い。

インレットの土管。溶存酸素量が多く、夏場は見逃せないポイントだ。

ギルは水草が大好き。浮き草がない野池では、水中の藻を探そう。

あくまで地元の人の生活の場であることを忘れずに。

絡みやすいので、ラインバスケットがあると釣りやすい。

もし朝夕にちょい釣りができるような環境に住んでいるなら、1時間ずつだけでも通ってみるとそのうち楽しい思いができるだろう。

岸釣り以外ではフローターもおすすめ。機動力は低いが、ポイントへ静かにアプローチできるためフライフィッシングとの相性が抜群にいい。

ただし水難事故防止の観点から、慣れないうちは必ず複数人で浮くようにしたい。

(4) 河川

1990年代、関西を中心に河川でのバス釣りが脚光を浴びた。

それまではバスは流れのある場所には生息していない、釣れないと言われていたが、今はそんなことをいう人はいない。渓流魚、オイカワ、カワムツといった魚を釣っているフライマン諸氏には、取っつきやすいフィールドと言える。

バスリバーとしてよく知られているのは、東京都の多摩川、千葉県の利根川、小貝川、新利根川、将監川、埼玉県の荒川、岐阜県の大江川、五三川、大阪府の淀川、兵庫県の加古川、和歌山県の紀ノ川、岡山県の高梁川、徳島県の旧吉野川、福岡県の遠賀川など。

河川でバス／ギルを狙うなら、本流のすぐ近くを流れる小河川や水路が初心者向き。流れはゆっくりで、ほとんど止まっているように見えるところに彼らはいる！

あまり流れの強くないところを

バス／ギルがいるのは中・下流部。注目したいのは三日月湖や逆ワンド（入り口が下流にあるワンド）、堰堤上のプール、水門周辺とその奥の水路など、あまり流れが強くないところだ。

盛期のバスは流れが激しい瀬にも入るが、流れに逆らって泳ぎ続けるのは苦手なようだ。通常は流れの緩いエリアと行き来したり、増水時にはほぼ止水になるような三日月湖や、逆ワンドに逃げ込む個体が多い。

それゆえ、まず最初は流れの緩い場所を中心にポイントを探して釣り歩くといい。ギルの場合はバスよりも流れに弱いケースが多いので、さらに流れがない場所を意識しよう。

ちなみに川のバス／ギルも障害物を好むのは変わらない。河川の中・下流部は大雨や台風の影響を受けやすく、一度濁流と化すとしばらくは釣りにならない。

リバー・バスは引きが強い

あえて流れの中にいるバスを狙う場合は、規模の大きい渓流や本流でフライフィッシングを経験した人なら説明は不要かもしれない。

バスは、流心やその脇のヨレ、カケアガリとすぐその近くにある淵、大きな岩のまわりなどにいる。時にはガンガン瀬の中で、盛んにボイルすることだってある。

渓流魚も顔負けなポイントを攻めるには、ナチュラルドリフトやスウィングといった、トラウト釣りでおなじみの釣り方でOK。立ち位置に合わせてアップ、クロス、ダウンと使い分ける。重いフライで底付近を何回も流して、しつこく探る人もいる。

流れの中で釣るバスは、流れも影響するため引きがとても強く感じられる。病みつきになってしまうフライマンも少なくない。また川は、他のフィールドよりもサイトフィッシングがしやすい。腕に自信がある人はぜひチャレンジして欲しい。

ギルはバスよりも流れが緩い場所、ほぼ止水に近いところがいい。ハズレが少ないのは、船溜まりや水門周辺とその内側の水路。流れが弱くなりやすい消波ブロック帯の中や、杭や矢板が連続するところもチェックしてみよう。

岸釣りが手軽だが、初夏から晩秋の間は植物が繁茂してなかなか釣りにくい。ウェーディングすると一気に釣りやすく涼しくなる。

広い河川でレンタルボートが利用できるフィールドなら、初めはボートで攻めてみるとフィールドの理解が早まる。

バス／ギルの管理釣り場

●初心者が手っ取り早く最初の１匹を釣るなら、管理釣り場という選択肢もありだろう。残念ながら数多くあるわけではないのと、ルアー専用の場合もあるので必ず事前に確認しよう。●フライフィッシングでバスが狙えるのは、千葉県の釣パラダイス、東京都の弁慶フィッシングクラブ、恩方国際釣堀場、群馬県の宮城アングラーズヴィレッジ、栃木県のフィッシングパル佐野、茨城県の水戸南フィッシングエリア、静岡県の浜名湖フィッシングリゾートなど。バーブレスフックやラバーネットの使用など、各管理釣り場ごとのルールがある。

バスを増やしている釣り場

●2005年施行の外来生物法で、ブラックバスとブルーギルは全国で「入れない」「捨てない」「拡げない（増やさない）」ものとされ、放流することなどが禁じられた（109頁参照）。しかし2024年現在、山梨県の河口湖、山中湖、西湖、神奈川県の芦ノ湖の４湖は、逆に各湖の漁協がブラックバスを増やしている。漁協が漁業法にのっとってブラックバスの漁業権を申請、保持しているためだ。釣り人は遊漁料を支払って、漁協が増やしたブラックバスを釣っている。４湖の他にもバス釣りを観光の目玉とし、さらに振興させたいと望んでいる地方公共団体は全国に多くある。現状に合った法律の運用が求められる。

子供も大人も多くのバス釣りの釣り人でにぎわっている湖。

バス／ギルが釣れる代表的な河川

阿武隈川	（福島県）
将監川	（千葉県）
小貝川	（茨城県ほか）
新利根川	（茨城県）
利根川	（群馬県ほか）
荒川	（埼玉県）
入間川	（埼玉県）
多摩川	（東京都）
千曲川	（長野県）
大江川	（岐阜県）
五三川	（岐阜県）
桂川	（京都府）
淀川	（大阪府）
加古川	（兵庫県）
紀ノ川	（和歌山県）
高梁川	（岡山県）
旧吉野川	（徳島県）
遠賀川	（福岡県）

フローターのススメ
浮き輪ライフで釣果アップ！

文　田中祐介
写真　山本克典

新緑の景色の中、フローターでしか入れないポイントを釣る。

流木の際を狙う。フローターは魚に気づかれにくい。グッと近づける。

足ヒレで水をかいてゆっくり進む。フローターは基本的に後ろ向きに進む。

フロートチューブ（フローター）は釣り用の座れる浮き輪だ。足ヒレをつけた脚で漕いで、基本は後ろ向きに進む。「新しい道具を買ったら魚という結果がほんとうについてきた、きわめてまれな事例」とフローターを評したのは、かのジョン・ギーラックである。（『トラウト・バム』より）

今まで岸から指をくわえて眺めていた、いつもの野池のあの立ち木、あのインレットに音もなく忍び寄り、フライをぶち込める。フライフィッシング最大のウィークポイントであるバックスペースだって、一度水面に浮いてしまえばノー問題だ。

しかしこの世はいつだって等価交換。魚たちの領域へ浮き輪で侵入するのは、危険性をはらんだアウトローな行為だ。フローターライフに片足を突っ込みたい釣り人が、無事に両足を突っ込んで泳ぎ出すまでを、ご案内します。

左がU字型、右がO字型。乗り込みやすさと漕ぎやすさはU字型。安定感と静寂性はO字型に軍配が上がる。U字型の派生としてH字型やV字型もある。

写真は筆者と妻。東京から香川県に移住して早5年。移住当初はフローターフィッシングに夢中だったが、近年はいい時期だけ楽しむスタイルに変化している。フローターに乗る際は、チェストハイウェーダーとライフジャケット（首、腰に装着するものも可）を必ず着用すること。

フローターの艇体は、エアポンプで膨らませる。エア漏れがないかチェックしながら行うこと。

なんじ、足ヒレのまま歩くなかれ

フローターのトレードマークは足ヒレだ。しかしながら、足ヒレを装着したまま陸上を歩くのはできるだけ避けたい。

足ヒレが引っかかってつんのめり転倒し、せっかく買ったフライロッドを使用前に折る。頭から水にダイブするなど。足ヒレを付けたまま陸上を歩いたばかりに起きた悲劇は、枚挙にいとまがない。

浮き輪を水辺に降ろし、ロッドを草むらに立てかけてから、水辺で足ヒレを装着するのが安全面でベターだ。水辺に腰かけて足ヒレを装着できればベストである。なおシュノーケリング兼用品の足ヒレは、ウェーディングシューズを履いたままでは装着できないので要注意。

フローターの本体は形状と素材で二分できる。ライフスタイルに合ったタイプを選ぼう。

初心者はあらかじめ陸上で、フローターに乗るイメージをつかんでおく。U字型の場合、座面にお尻を近づけるようにかがんで、深く座るとうまくいく。

推進力は足ヒレのみ。水上で外れると厄介なので、しっかり固定。足ヒレをつけた状態のまま、陸上を仕方なく歩く時は、つま先を上げてガニ股で歩くと、つまずきにくい。

U字型（キックボート）

現行品はほぼ全てこのタイプ。脱落防止用のバーとエプロンを取り外すことで、浮き輪の前面から乗り降り可能なのが最大の特徴。

ポリ塩化ビニル（ＰＶＣ）製のチューブに化繊の外装を装着した二重構造のものが多く、軽量かつコンパクトに収納できる。集合住宅にはうってつけである。アレンジもしやすく、バーとエプロンをフラットなテーブルに変更したり、ラインバスケットを取り付ける人もいる。

交換用のチューブやパーツを別売りしていることも多い。初期投資はそれなりに必要だが長く楽しめるだろう。直射日光が当たらない場所に保管する。

O字型（ドーナツ型）

もともとはトラックやトラクター用のゴムチューブに化繊の外装を装着した二重構造。とにかく重い。乗り降りするには、足ヒレを装着したまま、浮き輪の中央に足を出し入れしなければならない。構造上、搭乗時はフローター本体より上に足を上げられない。足ヒレが外れたら、浮いたままでの再装着はほぼ不可能だ。

U字型より不利な点が多いにもかかわらず、手練れのフローター釣り師は、O字型を選択する。理由は、抜群の安定性と静寂性。そして前方向に荷重を掛けながら足首を回して水をかくことで、わずかながら前進が可能な点にある。この前進がどれだけ有利かは、実際に釣りをしてみるとよくわかる。

波も音もなくポイントへにじり寄る。忍者のごときステルス性が、O字型の最大のメリット。スマートで現代的なU字型と比べれば、無骨で乗り手を選ぶフィッシングギアである。

たたんでもかさ張るので膨らましたまま保管した方が問題が起きない。現在はPVC製が主流でゴムチューブ式のO字型は中古市場で流通するのみだ。

オーバハングの樹木の下をボウ&アローキャストで攻める。こういった狭小スポットを攻められるのはフローターならでは。40cmUPをキャッチ!

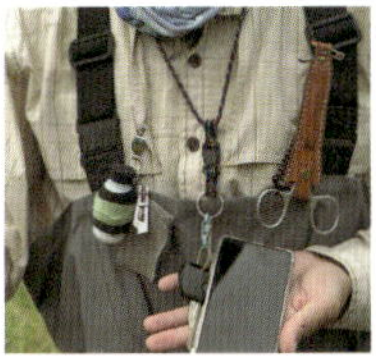

フローター上はスペースが限られている。筆者はフライを防水の容器に収納して持ち込んでいる。よく使うラインカッターやフロータント、フォーセップなどは胸のあたりに取り付ける。クルマのカギとスマホ（防水仕様）は首からさげて、ウェーダーの内側にしまっている。夏場は飲料水も忘れずに。

持ち込むのはワンタックル

どちらのタイプでも、たいていは収納力に富んだポケットが備わっている。飲食物やカッパ、そしてバスバグ満載のフライボックスはここに詰め込む。

フロータントやスマホはフィッシングシャツに収納するのがオススメだ。搭載する荷物を厳選したほうがトラブルは少なく、安全性も担保できる。

フローターに乗ると不思議なもので、ポイントへ近づいても、バスにもギルにもほとんど警戒されない。巨大なアヒルか何かだと思われているフシさえある。接近戦が常となるので長竿は不要。短竿なら竿先に手が届くので、トラブルにも対処しやすい。オーバーハングの根元に入り込めば、ボウ&アローキャストや提灯釣りでビッグママを引き出せる。ボサ川でのイワナ釣りのごとく、短い竿に軍配が上がる。

個人的にロッドの長さは7フィート半、ラインはWF8のフローティングが標準。フローターに何本もタックルを持ち込むと邪魔になる。ワンタックルで勝負しよう。ミニマリストに幸あれ。

釣り人、危うきに仕方なく近づく

昨今、野池における水難事故が多発している。釣り人にも他人事ではない。事故が起きたフィールドは釣り禁止となることが多く、管理上、池干しの対象となることもある。フローターで遊ぶ水辺は、釣り場のタイプやエントリーポイントに関して、タイプ別に十分に吟味する必要がある。

自然湖

遠浅なことが多いため、入水ポイントは比較的探しやすい。浜からのエントリーが楽チン。湖岸に変化が少ないことが多いので、ウェーダーでは侵入困難なアシ原や、沖のウィードベッドが狙い目だ。天気の急変にも気を配りたい。遠出すると足ヒレの泳力では帰宅困難だ。

U字型の乗り方

①両足が着く深さの安定した場所にウェーディングして、フローターを浮かべる。ロッドは手が届く範囲の岸に置く。
②U字の内側に立ち、座る体勢をとる。
③左右の浮力体を両手で下に押しながら、お尻を座面に乗せる。ソファーに深く腰かけるように座れたらOK。
④岸に置いたロッドを取って、足ヒレで水をかいて後方へ進む。

ダム湖

インレット、またはボートを降ろせるようなスロープがない限りは、物理的にエントリー不可な場合が多い。ダムの急な放水があればフローターなぞ笹舟のように流される危険性がある。フローターに向かないタイプの釣り場かもしれない。

野池

ひと言で野池といっても、皿池型、三日月湖型、護岸型、アースダム型など、種類は多い。閉鎖水域かつ小規模なので安全性が比較的高く、フローターの特性に合った釣り場である。

エントリーポイントで入水しやすいのは取水口付近によくある階段だ。水辺で座って準備するという、最大の安全策をとって出航できる。次は流れ込みや水生植物が生えたシャローや、オーバーフロー（水位が一定より上昇すると水があふれ出るようになった場所）だ。

オーバーフローはたいていコンクリートで平坦に護岸されている。この平坦地を利用して準備を整える。ただし、流木やイバラなどによるピンホール発生には気をつけて。

入水しにくく、かつ要注意なのは、四角いコンクリートブロックを組んで形成されている護岸、いわゆるチョコレート護岸だ。乾いていればさほど滑らないが、濡れた状態やうっすらとコケが生えた状態はかなり滑りやすい。

フェルト底のウェーディングシューズは、スニーカーやサンダルよりはグリップするが、浮き輪を装着しながら入水する際が、もっとも危険だ。

U字型フローターに腰かけたは良いものの、そのまま人間だけ前方に射出されてしまうことがある。O字型フローターに足先を入れた瞬間につんのめり（足ヒレの裏側はよく滑る）、護岸にヘッドバットをかました挙句に偏光グラスを粉砕など、自分の周辺でも事故が起きている。もっと恐ろしい事故を想像するだけで身を震わせてしまう。

O字型の乗り方

①艇体を浮かべ、ウェーディングする。ロッドは手が届く範囲の岸に置く。片足を輪の中に入れる。
②艇体を跨いだまま、輪の中に入れた側の足を軸に、もう一方の足も輪の中へ滑り込ませる。慣れないうちは岸の草などにつかまりながら行う。
③両足が艇体に収まったら座席部分のバックルを留めて、体を固定する。
④岸に置いたロッドを取って、足ヒレで水をかいて後方へ進む。

しかしながら、チョコレート護岸しかエントリーポイントが存在しない野池があるのも事実。往々にして、そんな池には見えバスが泳いでいるものだ。

対処法として効果的なのが亀の子タワシである。沢登りも趣味としている自分は、登攀のためにナメ床やナメ滝をタワシで磨くことがある。「あれ？　これって護岸攻略にも有効なのでは？」と開眼した。護岸の表面の藻類をタワシで磨き落としてやれば、そこそこにグリップする。仕方なくチョコレート護岸から出撃する際は一度試してほしい。あくまで自己責任で！

安心・安全にガバガバと

コミカルな見た目とは異なり、フローターはけっこう安心で、安全な乗り物である。いったん入水してしまえば重心が水面より低くなるので、ボートのようにバランスを崩して転覆する可能性は限りなく少ない。万一、水上でパンクしても、大部分のフローターは気室が複数あるので一気に沈没することはない。もちろんライフジャケット着用が必須なのは言うまでもない。

河川なら、流れが速い本流で乗るのはダメだが、流れがないワンドや三日月湖なら乗れるケースもあるだろう。その他、マイボート持ち込みの可否など、現地の規則を確認すること。

航空機の事故率が高いのは離着陸時であるのはよく知られているが、フローターもまったく同じだ。ただし、ビギナーは最初のうちは一人では浮かず、必ず経験者と複数人で浮かぶこと。

使いやすい道具を選び、釣行前後のメンテナンスを怠らず、入水・離水時に十分気を付ければ、楽しい一日が約束される。目に見えるポイントすべてが我がものになる！　その自由度、そして万能感は何ものにも代えがたい。

オカッパリ諸氏の前でガバガバと釣りすぎて石を投げつけられない程度に、フローターライフに両足を突っ込んでほしい。

バス／ギルのタックルと釣り方

山本克典、「フライの雑誌」編集部　文

●ブラックバス／ブルーギルの釣りをアプローチ方法で分けると、①岸から釣る、②ウェーディングして釣る、③ボートやフローターに乗って釣る、以上の３種類になる。タックルは釣り方によって変わる。ここではベーシックなシステムを紹介した。慣れてきたら自分の好きな道具で楽しめる。一見釣りづらそうな道具立てでも、なんとかなってしまう懐の深さが、バス／ギルのフライフィッシングの面白さでもある。

ルアーに比べて、フライフィッシングは風の影響を受けやすい。とくに開けた釣り場では、強風だと釣りにならないこともしばしば。風が強いときはロッドとラインを1番手か2番手、上げてみてもいい。

３番・６フィートの渓流用ショート・グラスロッドでブルーギルの岸釣り。手元にガツンとくる。

ビンテージから最新鋭のタックルまでどんな道具でも似合うのがバス／ギルのフライフィッシング。

バスの岸釣りタックル例

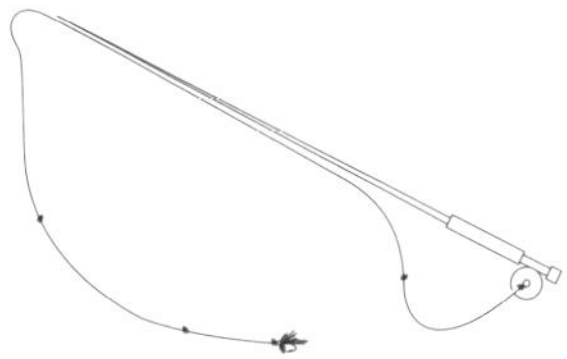

ロッド:　#5〜6、9フィート前後。小バスオンリーなら#3番でも可。グラス、グラファイトが使いやすいが、バンブーも楽しい。要はお好みの道具でどうぞ。大きめのヘアバグは1〜2番手上げると投げやすい。

リール:　#5〜6用。バスバグ用のラインはヘッドが太い。キャパシティに余裕があるものを選ぼう。

ライン:　WFのフローティング。空気抵抗が大きいフライが多いため、バスバグテーパーのような、専用にデザインされたラインが使いやすい。

システム:　リーダーとティペットの全長は9フィート前後。太さは2〜0X。浮力のあるナイロン製がいい。

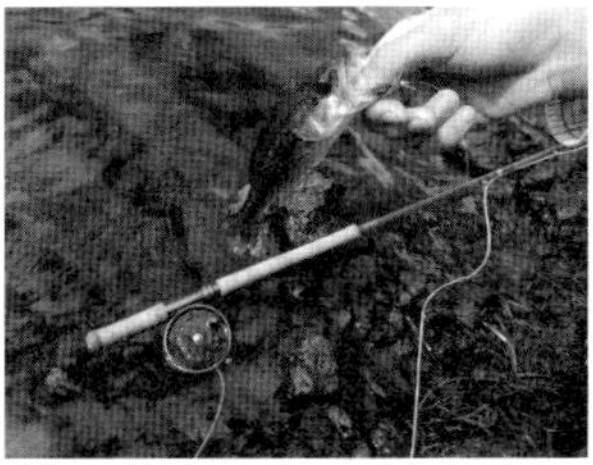

あえてダブルハンドのグラスロッドを使う。釣りづらいが楽しい。

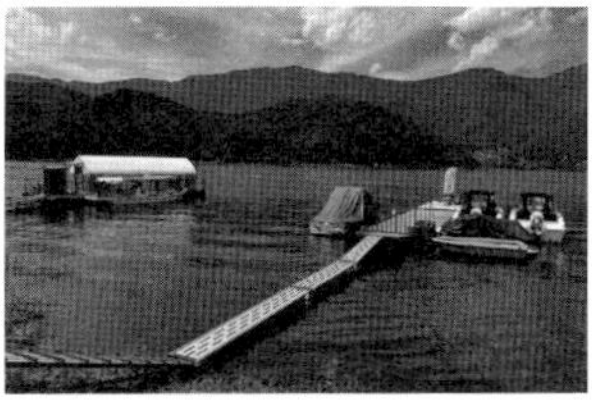

ボート桟橋には所有者がいる。勝手に乗って釣りをしてはいけない。

バスの岸釣りタックルと釣り方

岸釣りとは、水に入らないで釣る状態を指している。足元はスニーカーや長靴。誰もが気軽に始められる釣り方だ。

岸釣りの釣り方は、湖でも野池でも川でも共通だ。ポイントを巡り、各種のフライと釣り方でバスの反応を探りながら、こまめにしばしば移動する。ラン&ガンという。ボイルがあれば即キャストする。1カ所で粘っても釣果にはつながらないことが多い。

ロッドは5~6番で、長さは9フィート前後。フライラインはWFのフローティングタイプがあればいい。リーダーとティペットを足して9フィート前後が使いやすい。

フライリールはラインが収納できればなんでも構わない。ティペットは適宜フライサイズに合わせるが、細いとトラブルのもとなので、2~0Xくらいがいいだろう。

フライはポッパーのような浮かぶタイプを中心に、サイトフィッシングの場合は、インチワームやエビを模したパターンがおすすめ。マラブー系をストリップしてもいい。大きいサイズのヘアバグで釣りたい場合は番手を少し上げる。

岸釣りでの障害となるのは、キャスティングスペースの確保と手元のフライラインの処理だ。冬や早春ならいいが、4月以降になると足元は植物で覆われ、頭上には樹木が枝葉を伸ばしてバックスペースを潰す。これらをかわさなければならない。

ラインバスケットを使ったり、ショートリーダーにしたり、ほとんど投げずに足元だけを狙ったり……。自分がよく行く釣り場の状況を考えて事前に想定しておく。

足場が高い釣り場では、魚がかかってから慌てても仕方ない。柄の長いランディングネットが役に立つ。

気持ちは分かるが、少し立ち込みすぎ。立ち込みすぎると危険だし、魚を散らす。バスは岸寄りにいることが多い。ボートが入れない場所では、立ち込んだ沖目から逆に岸際のストラクチャーを狙うと面白い。

バスのウェーディングの釣り
タックルと釣り方

自然湖や河川では、ウェーディングして釣る状況が多い。多少水に入って釣ることを前提にすれば、狙える釣り場は格段に広がる。ウェーディングの経験が少ない人は、最初のうちは経験者に同行すること。

渓流で使っているウェーダーを流用できる。最先端の高級品でなくて構わない。岸釣りより移動は少ないとはいえ、脱ぎ穿きの簡単さを考えるとブーツフットタイプがおすすめ。

ロッドは7～8番、長さは9フィート前後。ラインはWFのフローティングに加えてシンキング（インターミディエイト、タイプ2など）もあれば、どん深のポイントも探れる。

リールはフライラインが収まれば何でもOK。リーダーとティペットは、おおむね9～12フィートくらいが使いやすいはず。ティペットは1～0X

バスのウェーディングの釣りタックル例

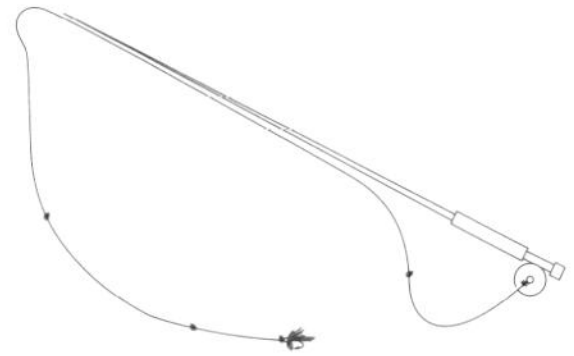

ロッド：　＃7～8、9フィート前後。大きく重いストリーマーを使う場合はスイッチロッドを使ってもいい。

リール：　＃7～8用。バス／ギル釣りのリールは基本的にフライラインが収納できれば何でもOK。

ライン：　WFのフローティングとインターミディエイト、タイプ2の3種類くらい用意しておきたい。トラウト用タックルの流用可。

システム：リーダーとティペットの全長は9～12フィート前後。太さは1～0X。浮かべる場合はナイロン製、沈める場合はフロロカーボン製。

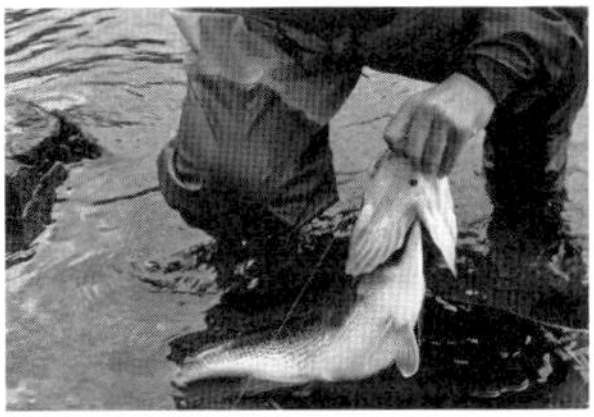

6月、アシ際に立ち込んで16番のクロスオーストリッチで大型を。

夏場の流れ込みは最高のポイントだが、ウェーダーは必須だ。

が基本。使いやすいナイロンと、沈める時用の伸びの少ないフロロカーボンの2種類を使い分ける。

湖や本流でのトラウトのウェーディングの釣りを経験している人であれば、バスにおいても釣り方はほぼ同じだ。

フローティングラインでポッパーを打ったり、フローティングミノーなどで表層を引く、浮かせたまま放置するなど。シンキングラインで、マラブーなどのストリーマーを引っ張ると、突然手元にガツンと来る。

ゲームチェンジャーやビーストのような大型フライにもバスはよく反応する。ビッグフライを使う場合、6~8番あたりのスイッチロッドを選択するのもありだ。

バスも回遊する。立ち込んで沖のカケアガリや、湖流や川の流れの筋を意識して釣りをするなら、あらかじめ魚が回ってきそうな場所に入っておくか、釣れそうな時間を予測して、魚の動きを先回りして行動する。これもトラウトと同じだ。

バス釣りではこれらに加えて、もう一つの選択肢がある。ウェーディングしている状態で、岸の障害物や水生植物を狙うのだ。

バスは基本的にカバーを好むため、岸際に密生する水生植物や倒木、大岩、桟橋、沈船などがあった場合、かなりの確率でそこにバスがいると思っていい。特にボートが入れないようなシャローでは、ウェーディングからの岸狙いの釣りの独壇場になることがある。フローティングかインターミディエイトのラインが有効だ。

沖のカケアガリや流れの中を狙うなら状況に合わせてシンキングラインを使う。水中や水底を釣る場合、ルアーより圧倒的に遅いスピードで探れるのは、フライフィッシング・タックルの優位点だ。シンクレートの低いラインを使ったズル引きが非常に効果的なことがある。

バスのボート、フローター タックルと釣り方

高い機動力と積載性が魅力のボート。ステルス性が高く小場所を丹念に探るのに適したフローター。水上からのアプローチという点では同じだが、特徴は異なる。

マイボートを所有する人もいるが、保管スペースや船舶免許といった障壁のないインフレータブルのボートやカヤックが、より現実的かもしれない（とはいえそれなりに初期投資が必要）。一般的なのはレンタルボートの利用だ。

フローターは空気を入れて膨らませるものが主流で運搬しやすい。維持費もかからないので購入のハードルは低い。使いやすく改造するDIY的な工夫も楽しめる点はフライマンに好きな人が多いかもしれない。

ボートのロッドは6～8番で、長さは8～9フィート前後。フローターでは取り回しのいい、6～7フィート前後の短いロッドを好む人もいる。

フライラインはWFのフローティングを基本にする。ボートでは、あらかじめフローティングとシンキングラインをセットしたタックルを複数セット積んでおくといい。フローターはボートほどの積載性はないので、フローティングの1タックルだけがおすすめ。

ボートの釣りで桟橋狙いはセオリー。桟橋のシェードや、湖底に延びた柱に沿うようにサスペンドしている。

自然湖やリザーバーでは、レンタルボートを利用する方が多いと思う。主な釣り方は、目に見える障害物を狙っていくカバーゲームと、カケアガリや流入河川で待ち伏せするブラインドフィッシング、見えバスを狙うサイトフィッシングの3種類に大別できる（3m以深のディープレンジを狙う釣り方もあるが、初心者向けではないので割愛）。

どの釣り方がいいかは日並みや時間帯によって変わるため、いずれも対応できるタックルを用意しておく。カバーゲームとサイトフィッシングはフローティングライン、ブラインドフィッシングはシンキングラインを使うので、できれば2タックルは持ち込みたい。

手持ちの道具に余裕がある人は、ドライフライ用の4～5番フローティング、ポッパーやフローティングミノー用の6～7番フローティング、小中型ストリーマー用の7～8番シンキング、大型ストリーマー用

バスのボート、フローター タックル例

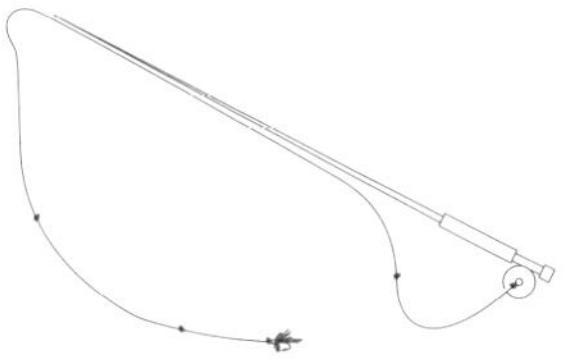

ロッド：　＃6～8、8～9フィート前後。ボートにはフライやラインに合わせて複数タックルを積むのが現実的。フローターは6～7フィートのショートロッドも使いやすい。
リール：　＃6～8用。船上でのライントラブルを避けるためにも、巻き取りが早いラージアーバーがおすすめ。
ライン：　ボート用のフライラインはWFのフローティングにインターミディエイト、タイプ2くらい用意しておきたい。フローター用はフローティングラインのみでいいだろう。
システム：ボートの場合、リーダーとティペットの全長は9フィート前後。太さは2～0X。フローターはロッドと同じか、やや短いリーダーが使いやすい。太さは1～0X。浮かべる場合はナイロン製、沈める場合はフロロカーボン製。

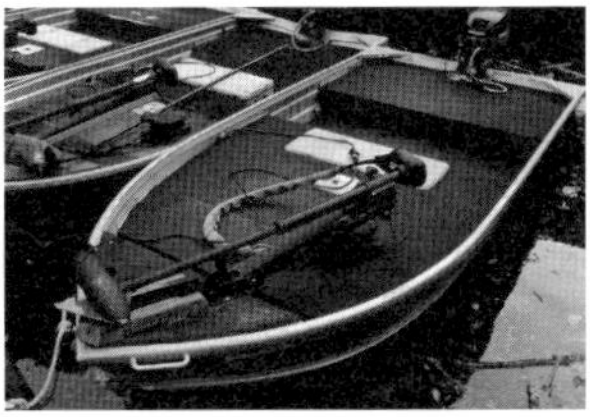

バス釣り用のアルミボート。とにかく安全第一で釣りを楽しもう。

いい季節のフローターの釣りはたいへん気持ちがいい。

の8番以上のシンキングという具合に、フライや釣り方に合わせて複数のタックルを準備しておくと、船上での手返しがよくなるうえ、なんかバスプロっぽい感じもする。

レンタルボートの多くは、船の先端に電動の推進機が搭載されていて、足でコントローラーを踏んで操作する（フットコン・エレキ）。特に関東圏のリザーバーではエレキのレンタルボートが主流なので、早めに慣れておくといい。

ただし手繰ったフライラインがフットコントローラーに絡みやすいので、ラインバスケット等を用意しておこう。手漕ぎや足漕ぎ式のボートでも船上では何かとラインが絡みやすいので、ラインバスケットがあれば便利だ。

フローターは、障害物を狙うカバーゲームがもっとも向いている。ロングキャストでピンスポットに入れるのもいいが、静かに近づいてロールキャスト、時にはフローターごとオーバーハングした樹木の下に潜り込み、ボウ&アローキャストや提灯釣りで、至近距離の駆け引きを味わえるのが醍醐味でもある。これらを踏まえて6～7フィート前後のショートロッドを用いる人も多く、その場合はリーダーの長さは5～6フィート前後となる。

ボートとフローターの釣りでもっとも異なるのは視点の位置だ。水面に腰掛けるような状態になるフローターは、視点の高さは水面から1mくらいと、ボートよりずっと低い。

視点の違いは水中の見やすさに繋がる。そのためサイトフィッシングではボートの方が圧倒的に魚を見つけやすい。一方で魚からもボート上のフライマンが見えやすくなるので、ある程度の距離をとらないと逃げられてしまうこともある。フローターは逆に釣り人は魚を見つけにくいけれど、魚からも見つかりにくい。これが近づける理由のひとつだ。

ギルの岸釣り タックルと釣り方

自然湖や野池、またはリザーバーに造成されている親水公園のような場所が岸釣りにおすすめ。

ロッドは2〜3番で長さは8フィート。ラインはWFのフローティングライン。リーダーとティペットはロッドの長さと同じくらいで、太さは3〜4X。

なんとなく盛期のイワナ釣りを想像した方はするどい。早い話、渓流用の道具を流用すればOKだ。

フライパターンは一般的な渓流用のドライフライで十分、本書で紹介しているギル用のフライ、小型のポッパーも楽しい。

バスの岸釣りと同じく、手繰ったフライラインの処理とキャスト時のバックスペースの確保が課題になるが、バスほど障害物を意識しなくても、岸近くの水生植物のまわりに浮いていたり、護岸されたワンドの隅のゴミ溜まりにいたりする。釣り自体にさほど苦労はないかもしれない。

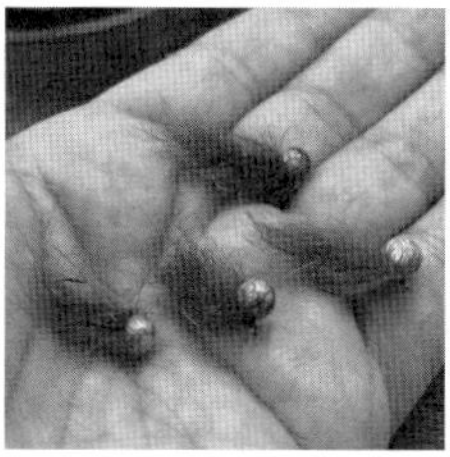

井上逸郎さんのギルフライ。発泡材を装備したブービーフライ。ヘアが水面でそよいでギルを誘う。

ギルの岸釣りタックル例

ロッド：　＃２〜３
８フィート前後。
リール：　＃２〜３用。
ライン：　WF のフローティング。
シンキングラインはいらない。
システム：リーダーとティペットはロッドの長さと同じくらい。太さは３〜４Ｘ。

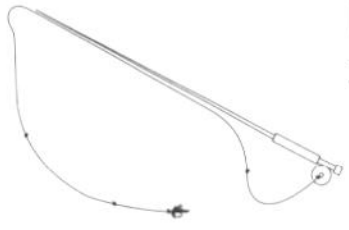

ギルのウェーディングの釣り タックルと釣り方

ウェーディングのギルは……、バスを狙っていて、ついでに釣れちゃうことが多いので、あらためて解説することは少ない。

バスよりもギルの個体数が多い釣り場であれば、ロッドはギルに合わせて4〜5番で長さは8〜9フィート。ラインはWFのフローティング。

リーダーとティペットはロッドの長さと同じか、1〜2フィートくらい長め。川の釣り場なら、ナチュラルドリフトさせる場合を考慮して、もう少し長くてもいい。太さは3〜4X。

自然湖でのポイントはバスの居場所と大部分で被るが、河川ではバスよりも流れのゆるい場所を好むので、逆ワンドや水門まわり、堰上のプール、河川から分流された水路を探ると小気味いい反応を得られる。

ギルのウェーディングの釣りタックル例

ロッド：　＃４～５
８～９フィート前後。
リール：　＃４～５用。
ライン：　WF のフローティング。
シンキングラインはいらない。
システム：　リーダーとティペットはロッドの長さと同じくらい。太さは３～４X。

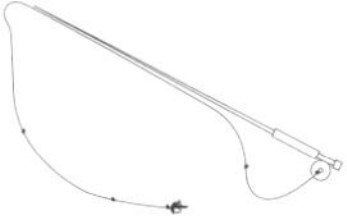

ギルのボート、フローター タックルと釣り方

ギル専門でボートを出したり、フローターに乗る人は少数派だと思われるが、あえてギル狙いに絞るなら、バスよりもライトな3～5番ロッドで全長6～8フィート。

昔使っていたロッドを短くリメイクしたり、ブランクから組んでみるのも面白い。リーダーとティペットはロッドと同じくらいの長さで3X前後。

ギルも20cmを超えるとなかなか強烈な引きなので、細すぎるティペットはおすすめしない。20cm以上の大型狙いに絞るなら、ランディングネットは必需品だ。

ギルのボート、フローター タックル例

ロッド：　＃３～５
６～８フィート前後。
リール：　＃３～５用。
ライン：　WF のフローティング。
シンキングラインはいらない。
システム：　リーダーとティペットはロッドの長さと同じくらい。太さは３～４X。

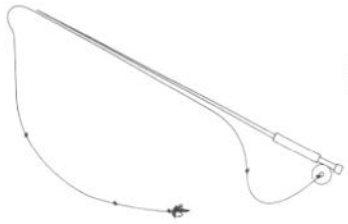

ブルーギルは不思議な魚だ。いる時には100万匹いるが、いなくなるとまったく姿を消す。ギルが1カ所に集まっている場所を〝ギルの穴〟と呼ぶ人もいる。ギルの穴を見つけられれば、入れ食いは約束されたようなものだ。ひとつの釣り場での増減も、とても激しい魚だ。ときに10数年のスパンで大量に増えたり、減ったりを繰り返す。小型のギルだらけになったと感じた釣り場が、久しぶりに行くと個体数が激減していたりする。個体数が減ると大型化するのは、バスもギルも同じようである。

ギルはおちょぼ口だが、かなり大きなフライでもフッキングする。ロングシャンクのフックは、てこの原理で外しやすい。

バス、ギルのタックル選びのコツ

フライライン

まず一番に考えるべきはフローティングのフライラインだ。バス、ギル用にテーパーがデザインされた「バスバグテーパー」や「パンフィッシュライン」と呼ばれるラインがおすすめ。

近年はフライラインの多様化が加速しており、バスバグテーパーをさらに進歩させたモデルが、いくつもある。それらに共通しているのはショートヘッドのウェイトフォワードで、空気抵抗の大きいフライを少ないフォルスキャストで投げられるように設計されている。

もちろんこれらを使わなければ釣れないわけではないし、経済的なことを考えると、リーズナブルな普通のウェイトフォワードを選ぶのが賢明かもしれない。

なぜならバス／ギルのいる水域はフライラインが汚れることが多いし、立木や護岸に引っ掛けて傷つくことも頻繁にあるからだ。そのため購入しやすい価格帯であることも選択基準の重要な要素になる。

フライロッド

次にロッドの素材はグラファイト、グラス、バンブーのいずれであってもあまり関係ないので、これも好みとお財布事情で選ぶといい。

もちろん新しいモデルには様々な新素材やアイデアが盛り込まれているが、バス／ギルのフライフィッシングにそれらが必ずしも役立つわけでもないのであまり深く考えることはないだろう。

一部のブランドにはバス／ギル用のフライタックルというものが存在する。これらはバス／ギルのフライフィッシングに向けたもので専用品ゆえの良さがある。とはいえ、これまた趣味や好みの範囲と考えていい。

フライリール

フライリールにおいても全く同じだ。ぶっちゃけ最新のロッドであれ、ビンテージのリールであれ、バス、ギルのフライフィッシングに道具の優劣はほとんどない……と書くと叱られそうだが、これまで様々な道具を使ってきた正直な感想でもある。

近年の物価高でフライ用品も高騰するばかり。せっかく身近にバスやギルという楽しい魚がいても、道具が高いという理由だけでフライを始めないのはもったいない。

そこで注目したいのが中古タックルだ。それも１９８０年代や１９９０年代のダイワやシマノ、天龍、スミス、ＵＦＭウエダ、オフトといった国産メーカーのもの。

当時はバス釣りブームで、フライにおいても各メーカーはわりと本気でバス用タックルのラインナップを揃えていたのだ。だから性能的には現代でも十分通用する。当時は2ピースが主流だったので、仕舞寸法の長さが気にならなければだが。

国産以外では、当時から高嶺の花だったフェンウィックやガルシアも中古品ならだいぶこなれた価格に落ち着いているし、アメリカ製の大衆品ならではの味があるシェークスピア、イーグルクロー、L・L・ビーンなどもお買い得といえる。

現代においてバス／ギル用と思しきフライロッドは、一部の好事家以外は見向きもしないため、中古市場では数百円から数千円で流通していることとすらある。モノは良くても、ほぼ捨て値という有様だ。

前述したように道具の優位性はほとんどないのが、バス／ギルのフライフィッシングの良さでもある。本書では建前上、釣り場に合わせたタックル例を挙げてみたが、極端にいえば、ロッドの長さやラインの番手が多少違っていてもさほど問題はない。

折れたロッドがあれば、自分で短く直して使ってもいいし、もちろん新品を買ってもいい。あなたのお財布事情に合わせて、準備できる道具で、とにかく始めてみるのがいいのではないかと思う。

自分の好みと使い勝手に合わせて工夫した、手作りのランディングネットでバスをすくう。

ORVIS

ルアーマンのためのフライキャスティング入門

山本克典 文 写真
フライショップ セルフィッシュ 撮影協力

ルアーからフライに転向したいと思う人が一番多いのは、バス／ギル釣りかもしれない。

ルアーでバスを釣るのが年々難しくなっていると感じる人が増えているのに、フライだと（時期により）、簡単に釣れることがある。クリアレイクで日中の表層で釣れたりするから、バス釣り好きのルアーマンなら気になって当然だろう。

実際、釣り場でルアーマンからバスのフライフィッシングについて質問されたことが何度もある。しかし、興味はあるがフライフィッシングを始めるまでに至らないケースがほとんど。その最大の理由はフライキャスティングだと思われる。

そこで、最低限この投げ方ができれば、バス／ギルのフライフィッシングができる、というキャスティング方法を紹介する。あくまでも初歩なので、本格的にフライキャスティングを習得したい方には、専門のスクールや教則本をおすすめする。

ちょっと釣るくらいならこれで大丈夫。とりあえずやってみてください。動作の練習だけならルアータックルでもできる。フライタックルを揃える前に一度試してみてほしい。

ルアーとフライの投げ方は違う

最初に頭に入れておきたいのは、ルアーとフライの投げ方は根本的に違うこと。ルアーに比べてフライは圧倒的に軽いため、フライラインの重さを利用してフライを運ぶ。

ルアーのようにロッドを手首のスナップで曲げた反動でエイヤ！と前へ放り投げるイメージは間違い。

フライキャスティングでは、投げるよりもロッドを「止める」意識が大切だ。フライロッドを止めることで、慣性の法則が働いてフライラインが飛行し、軽いフライを遠くへ運んでくれる。

まず覚えるべき動作は、シンプルにロッドを振り上げて、振り下ろすこと。振り上げる時にロッドを「止める」のが最初の課題。この「振り上げて振り下ろす」動作を、ピックアップ&レイダウンと呼ぶ。基本動作であるとともに、実際の釣りでも多用するキャスト方法だ。

ルアーキャスティングに慣れた人ほど間違いやすいのが、手首のスナップを使って投げてしまうこと。フライキャスティングでも手首をまったく使わないわけではないが、あくまで補助的な動きだ。主に動かすのは、肩とヒジ。このことをしっかりと覚えておこう。

つい手首を使いがちな人は、矯正方法としてグリップエンドと手首をゴム紐で縛り、手首が開かないようにする方法もある。

最後に、グリップは力を入れてギュッと握らない。ロッドを振っている最中に落とさないように、最低限の力は入れるべきだが、強く握りしめると肩やヒジも動きにくくなってしまう。適度にリラックスした状態でキャストすれば上達も早い。

ピックアップ&レイダウンの流れ

①ロッド先端からフライラインを5mほど出して、まっすぐに伸ばして地面に置く。

②ロッドを後方に振り上げて、耳の横あたりで止める。

③後方にフライラインが伸びるので、伸び切った頃合いを計って、今度は前方にロッドを振り下ろす。

④フライラインが前方に伸びながら地面に落ちる。

左ページで写真解説。

※黄線はフライロッド 、橙線はフライラインの動き

ピックアップ&レイダウン 振り上げて、止めて、振り下ろす。

①キャスティングのスタート位置。振り下ろした状態でもある。5ｍのフライラインは真っ直ぐ前方に伸びている。

②ロッドを振り上げて、この位置で止める。ロッドが少しだけ後ろに傾き、ティップ先端から伸びるラインが横向きのＵ字型になっている。この形をループと呼ぶ。

③肩、ヒジ、手首の位置は②と同じく、ロッドを止めたまま。慣性の法則でラインが勝手に後方に伸びていくのを待つ。ラインが短ければ待つのは一瞬。

④後ろへラインが伸び切るのと同時に前方へロッドを振り下ろして、この位置でロッドを止める。ラインだけが前方に伸びていく。

⑤ラインが前方に伸びていく間も肩、ヒジ、手首は止めたまま。5ｍのフライラインは真っ直ぐ前方に伸びる。①の状態に戻る。

後方へ振り上げて止めて、前へ振り下ろして止めるだけで、5ｍくらいの距離は投げられる。十分釣りになる。慣れてきたら少しずつラインを長くしていく。できるだけ少ない回数で投げる方がトラブルが少ない。下の動画は実際のフライキャスティング教室の様子。

フライロッドの握り方

グリップは落とさない程度の力で軽く握る。握り方はいくつか種類があるが、オーソドックスなのは左写真のように親指を上にした握り方。右写真のようにフライラインを中指にかけて軽く握り込むと、ラインが後方／前方に伸びていく感覚が伝わりやすくなる。

ルアーロッドで練習できる

フライタックルを買う前にルアータックルで練習もあり。ロッドを止めるタイミングを意識して練習しよう。左写真は振り上げて止めたところ、右は振り下ろして止めたところ。フライロッドはヒジと肩で止めることで曲がる。手首のスナップは基本的に使わない。

好奇心をもてあそぶ釣り

パリコレ工藤
「トップトウ」編集長

「トップトウ」では２０２３年にカワムツ狙いのフライフィッシングを記事にしましたし、過去にはバスバギングの記事を載せたこともありました。

僕的に「ルアマガ」などのバス雑誌と「トップトウ」はプロレスとボクシングほどに異ジャンルの気がしていますが、「フライの雑誌」と「トップトウ」は同じボクシングのフェザー級とバンタム級くらいのところにいるのかなと感じています（この場合、フェザーはフライの方に譲りますけどね、マテリアル的になんとなく）。

僕はフライはほぼドライフライしかやったことがないんですが、バスやギルを対象にした表層のルアー釣りと、ドライフライに共通するのは〝魚の好奇心が丸見え〟ってことだと思います。

小さなバスやブルーギルって、好奇心むき出しでルアーやフライを襲ってくるじゃないですか。がむしゃらな、ああいうシーンには、釣りの楽しさの原点がある気がするんですよね。

ルアーアングラーの中には、大きなルアーを使って大きなバスを仕留めることに生きがいを感じている人がたくさんいます。

もちろんそれはすごく魅力的な釣りで僕も憧れを失ったわけではないのですが、歳を取るにつれ、なかなか結果が出にくいそうした釣りよりも、小さなルアーに飛びつく小バスやギルたちの好奇心溢れる姿を見ていたい、という方向に心が動くようになってきました。

澄んだ水の中できらめくマス族の表情にも同じような好奇心は宿っていますが、バスやギルのそれはもっと粗暴で、下品で、だからこそ愛おしい。「俺らどうせムニエルとかにゃされねぇんだ。」みたいな下町育ち感が滲み出ています。

そんな彼らの純朴さをもてあそぶように楽しむ釣りは、僕にとって癒やしそのもの。そう、疑似餌的な釣りって、言い換えると、〝好奇心をもてあそぶゲーム〟なんですよね。

僕は以前から〈箱庭スタイル〉という釣りを提唱しています。〈巨大な湖〉と、〈4m四方くらいの小さなフィールド〉を同等の大きさだとイメージすると、小さな場所に住む小さな魚たちは、比率的に琵琶湖のモンスターバスに匹敵するような存在になります。

もちろん魚のサイズにあわせて道具のパワーは下げますよ。棍棒のようなガチガチロッドで小さな魚を釣っても何も感じないかもしれませんが、柔らかロッドをブチ曲げられながらヒーヒー言う釣りは60㎝のバスを釣るのとほとんど変わらない……、いやそれはちょっと言い過ぎですが、要するに楽しみ方は想像力次第なのです。

たとえスケールの小さな魚釣りでも、そこから学べることはたくさんあります。彼らは好奇心旺盛で積極的にルアーを追ってきてくれますが、決してバカじゃない。無邪気なように見えて、気にくわこんなふざけたルアーでも楽しめるからギルフィッシングは楽しいんです。

ない動きや見当外れのゾーンのルアーは瞬時に見切ります。

　彼らがどんなルアー、泳層、アクションに口を使うのかってことを見極めるためには、そこそこ鋭い洞察力と感性が必要なのです。「小バスいじめ」みたいな表現をするアングラーもいますが、小バスの反応を見て、より大きなバスを釣るヒント（その日のヒットカラーなど）を知ることもありますし、群れているギルたちを釣りまくって場をワラワラさせていると、その下にいる大型バスが飛び出てくる、なんてこともあります。

　まあ趣味の世界の話ですからいろんな釣りスタイルがあっていいんだと思いますが、サイズうんぬんよりも、まず〝魚に触れられる釣り〟を楽しみたいっていうのが、最近の僕の釣り観です。

　考えてみたら生命が存在する地球って、宇宙中の奇跡を集めたような星なんですよね。多様な生物が生息していて、陸に住む者と水中に住む者がいる。そんな中で、陸に住む生物が水中に住む生物の好奇心を「もてあそびたい。」と考える趣味って、奇跡の中であぐらをかくような傲慢さです。

　宇宙人に「お前らはバカげてる。」と言われても反論できないほどの人類の奇行なんですが、しかしそれが心底楽しいことだっていうのは、アングラーの皆さんならよくおわかりのはず。小バスやギルといった小さなファイターたちは、その楽しさを僕たちに伝えてくれる最も身近な存在なんじゃないですかね。

　そうそう、以前から「フライの雑誌」と「トップトウ」の合同企画〈フライvsルアーのギル釣り対決〉を提案してるんですよ。フェザー級とバンタム級、どちらのリングで戦うかという部分は検討しなければなりませんが、いつかぜひやってみたいなぁ。

　みんな「フライの圧勝だ。」と言いますが、双方に公平なルールさえ制定すれば、かなり面白い戦いになるんじゃないかと僕は思うんですよね～（ニヤリ）。というわけで、みなさんと拳を交える日を楽しみにしています！

バス／ギルのフライフィッシングなら みんなで一緒に楽しめる

山本克典 文

仲間と並んで釣りをする。仲間とキャスティング練習や、ロッドの振り比べをするのも楽しい。

京都市の嵐山フィッシングエリアでは、フライウーマン育成プログラムを行っている（写真は1期生のメンバー）。タックル無料貸し出しや釣行サポート等、女性のフライフィッシング初心者が一人でも参加できる体制が整っている。

京都市のフライショップ・セルフィッシュでは、ブルーギルのフォトコンテストを毎年開催している。全国からメールでエントリー可能。

少し昔の話になるが、私がフライフィッシングで初めて釣った魚がブルーギルだった。1984年か1985年。

中学2年生の夏休みに近所の池で、見よう見まねでフライキャスティングらしきことをやって、ほんの3〜4m先に落ちたフライをブルーギルが素直に食ってくれた。その時の驚きと興奮は言葉にしがたい。

私が今になってもフライフィッシングを続けているのは、あの余韻がずっと続いているからかもしれない。さすがに現在はイージーに釣れる場所は少なくなっているが、フライフィッシング入門の相手として、やはりブルーギルは最適だ。

1990年代以降は、フライフィッシングを始める人が増えた。ブラックバス／ブルーギルでフライフィッシングを覚えたという人も多いのではなかろうか。

私の住んでいた関西圏では、バスとギルは、コイ、フナ、オイカワ、カワムツに並ぶ身近な魚だった。コイ科の魚もフライで釣れるが、なんといってもバスとギルはフライへの反応が抜群にいい。

当時は関西にもフライショップが何軒もあった。いくつかのお店ではバスのフォトコンテストや、ギル釣り大会などを開催していた。私も何回か参加して、その繋がりで何人ものフライフィッシング友達ができた。

フライフィッシングを始めたけれど、まだ魚を釣ったことがないという、知人2人を連れてギル釣りに出かけ、3人並んで入れがかりになって、大騒ぎした日のことはよく覚えている。

あらためてバス／ギルのフライフィッシングの魅力を考えてみると、バス／ギルは初心者にも取っつきやすい魚であること、友人や仲間と一緒に釣りができることなのかな、と思う。

フライフィッシングは対象魚種も釣り場の種類も幅広い釣りだが、他のシチュエーションを考えてみて、バス／ギルのような釣りはあまりない。

渓流で誰かと一緒に釣りをする場合、入渓と退渓は一緒でも、遡行中はある程度の距離をとるものだ。右岸と左岸で釣り分けたりもする。

湖のウェーディングで並ぶ場合でも、少なくとも10mくらいは間隔を空けるのが普通だ。管理釣り場ですら、人が多いとお互いにギスギスもする。

もちろんバス／ギルのフライフィッシングでも、仲間が数人いるなら分散して釣った方が、釣果はいいことの方が多いだろう。でも仲間同士、すぐ隣で教えながら、教わりながら、語らいながら、しっかり魚も釣れてくれる……というのは、なんと素晴らしいことかと思う。

大人も子供も、釣り経験者も未経験者も、一番根っこにあるのは、「魚が釣りたい」という気持ちだ。習得が難しいとされるフライフィッシングだが、最初のうち何度トライしても魚が釣れなければ、普通はやめてしまう。

ほどほどにイージーで、本気になるとけっこう難しい。入り口のハードルは低く、間口は広く、続けるほどに面白さが拡大していく釣り――、それがバス／ギルのフライフィッシングだ。

老若男女、みんなで気軽に一緒に楽しめる、数少ない釣り。ぜひあなたも始めてみてほしい。

ブラックバス／ブルーギルが釣れるフライパターン 34

バス／ギルを釣って楽しく、人気があるのはヘアバグ、ポッパーなどの、にぎやかでド派手なトップウォーター系だ。ヤマメ・イワナ、ニジマス用のほとんどのフライパターンは、基本的にフライサイズを合わせれば、バス／ギル釣りに転用できる。マス釣りより自由度は高い。色、形状、サイズに、遊び心をバクハツさせてほしい。バス／ギルは大らかだ。釣れないフライはない。　（　）内はタイヤー名

ヘアバグ　⇨ 64 頁

TMC8089 ＃ 10。ディアヘアのスタッキングで、ありとあらゆる色と形状を表現できる。水面の障害物を避けるウィードガード付き。（田口清輝）

マドラーミノー　⇨ 67 頁

TMC201R ＃8。マドラーミノーは浮かせても沈めても釣れる万能フライ。トラウトにも実績がありヒゲナガカワトビケラを意識している。（田口清輝）

モンタナニンフ　⇨ 68 頁

TMC3769 ＃ 10。有名なファンシーニンフだが、バス／ギルでも実績が大いにある。ストリーマーとしてもよく釣れる。タイイングも簡単。（田口清輝）

マッドサイエンティスト　⇨ 70 頁

がまかつ B10S ＃ 6 ～ 2。2枚のフォームを折るだけでポッパーヘッドが作れる。5分程度で作れる。超絶簡単なポッパーの決定版だ。（中山 勝）

マウスガーグラー ⇨71頁

がまかつB10S ＃6〜2。ラビットストリップとフォームシートのみ。ラインを強く引くとマイルドなポップ音をたててバスを誘惑する。（中山 勝）

フォックスヘアーヘッド・ゾンカー ⇨71頁

がまかつB10S ＃6〜2。水辺の障害物まわりを攻めるのも、小河川でウェーディングしながらダウンクロスで流すのも有効。（中山 勝）

イワイミノー

TMC8089 ＃6など。ブラックバス、シーバスで定番フライ。フローティングミノー的に動かしてもいいし放置してもいい。コピックで着色。（井上逸郎）

クロスオーストリッチ

TMC108SP-BL ＃12など。マテリアルはオーストリッチとワイヤーのみのシンプルフライ。島崎憲司郎氏オリジナル。抜群の安定感。（井上逸郎）

パピーリーチ

TMC708 #10〜8など。ワンマテリアルのシンプルフライ。島崎憲司郎氏オリジナル。キールで尻尾を振って泳ぐ。河口湖で56㎝の実績。（井上逸郎）

ホローボディ・セミフライ

TMC8089 #12など。中空なので軽量、キャストしやすい。羽はレオン。ボディの段々がリアル。2024年の河口湖で52㎝バスを確保。（井上逸郎）

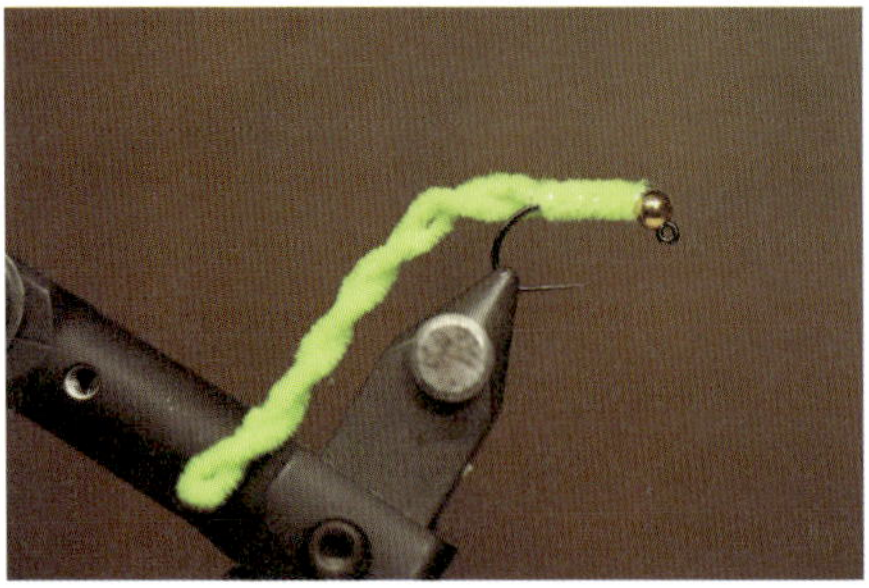

シェニールワーム

TMC403BLJ ＃8。主にサイトフィッシングで使うワームフライ。安く簡単に巻けてよく釣れる。ビーズヘッドなしや、ピンクや黒もおすすめ。（山本克典）

サスペンド・ザリガニゾンカー

TMC8089 #6。シンキングラインを底まで沈め、フライをサスペンドさせてスローなリトリーブで誘う。76頁掲載の 61cm を釣ったフライ。（丸山拓馬）

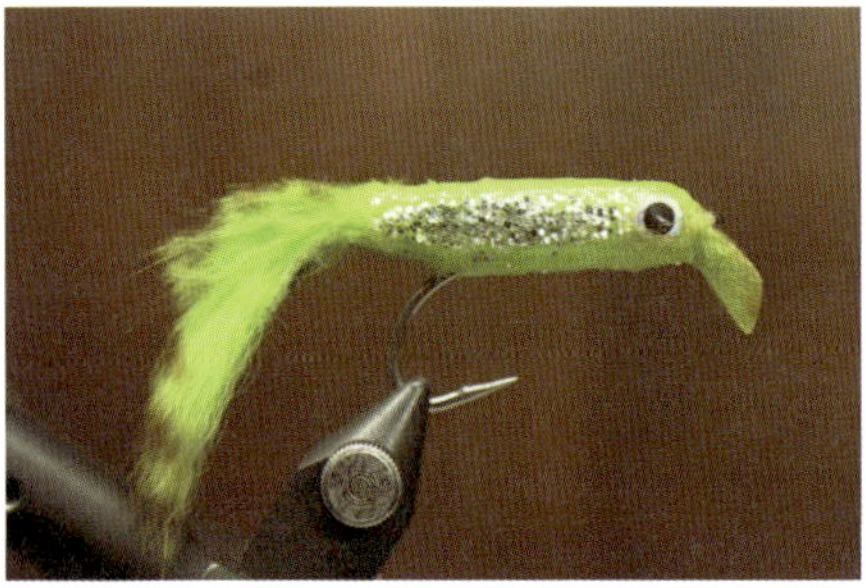

ポップリップ

アキスコ AFB-2546 #1/0 ～ 2。ボブ・ポポヴィクス氏オリジナル。リップが水の抵抗を受けてミノーのように動く。（田口清輝）

ダールバーグ・ダイバー

アキスコ AFB-2461 #2。ラリー・ダールバーグ氏考案の名鉤をアレンジ。止水域や緩い流れのバス、ライギョ、ナマズに実績がある。（田口清輝）

ミニバグ

TMC100 #8。ブルーギルをはじめ、口が小さな魚に有効。バス／ギルの故郷、アメリカの星条旗をモチーフにタイイングした。（田口清輝）

マイクロヘアバグ

TMC2312 #10。ブルーギルはもちろん、スレたバスにも極小フライがめっぽう効く。最初遊びで作ったが、あまりに釣れるので一軍入り。（中山 勝）

クラフトシケーダ

管付丸セイゴ 14 号。セミが鳴き出す7月初旬から使用頻度の高くなるフライ。使い方はいたって簡単。キャストしてたまに動かす。（中山 勝）

マイクロクリース

TMC2312 #10。クリースフライのマイクロ版で、ブルーギルも小バスも飛びつく癒しフライ。お好みでペイントすると愛着がわく。（中山 勝）

キュアリー

管付チヌ4号。ブルーギルの自己記録 26cm を釣ったフライ。テイルにポーラーファイバーを巻き留め、アイスダブでダビングしている。（中山 勝）

ジッター・バスバグ

ウォディントンシャンク＋カルティバ・スティンガーダブル SD-36 #8 ～ 6 ナマズ用。ルアーの名作、ジッターバグをオマージュしている。（田口清輝）

ビッチ・モホーク

TMC201R #4。G・ラフォンテーン氏のモホークに名作ニンフ、ビッチクリークの要素を悪魔合体。前後のレッグはタコベイトの足。（山本克典）

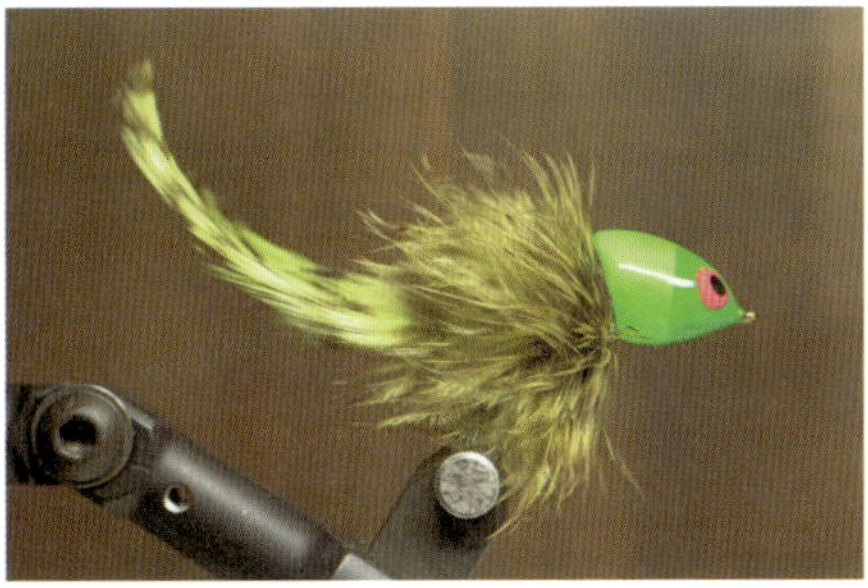

発泡ヘッドダイバー

TMC8089 #2。市販のポッパーヘッドを逆付け。主に水面下をストップ＆ゴーで使うため、テールのハックルは反りの強いものを選ぶ。（山本克典）

マシュマロ・カディス

TMC201R #10など。本流や北海道の大物マス用ドライフライ。バス／ギルにもよく効く。沈んだら、水面直下をゆっくりとただ引きする。（堀内正徳）

ヘンハックル・アダムス

TMC100 #10 ～ 8。ハックルをすべてヘンハックルに置き換えたパターン。水面直下で動かして誘う、サイトフィッシングの切り札的存在。（山本克典）

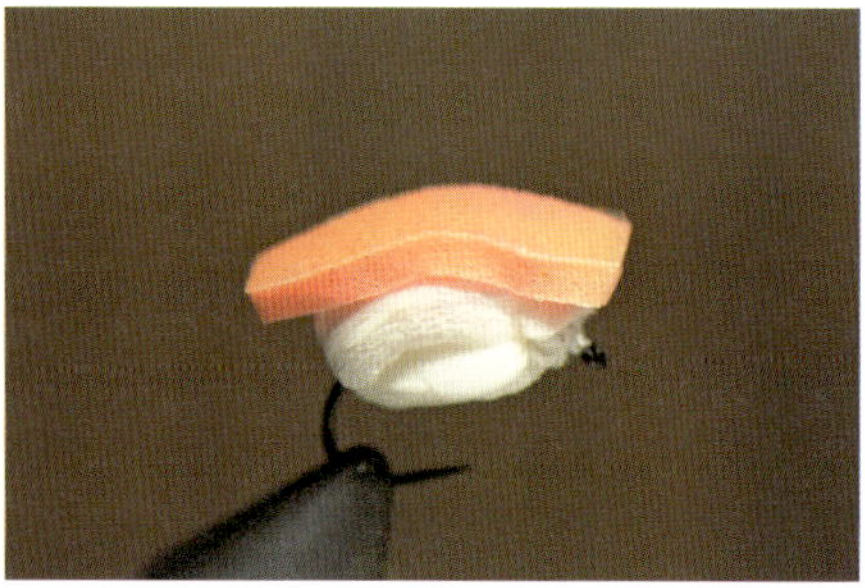

サーモンフライ？

がまかつ C12-B #10。お寿司のサーモンをモチーフにしたシリー（おふざけ）フライ。発泡フォームなので沈まず、意外によく釣れる。（山本克典）

メッセンジャー・フロッグ

TMC8089 #6 ～ 10。'20年代にジョー・メッセンジャー氏が考案したカエルのフライ。百年以上たった現在でもよく釣れる名作中の名作。（田口清輝）

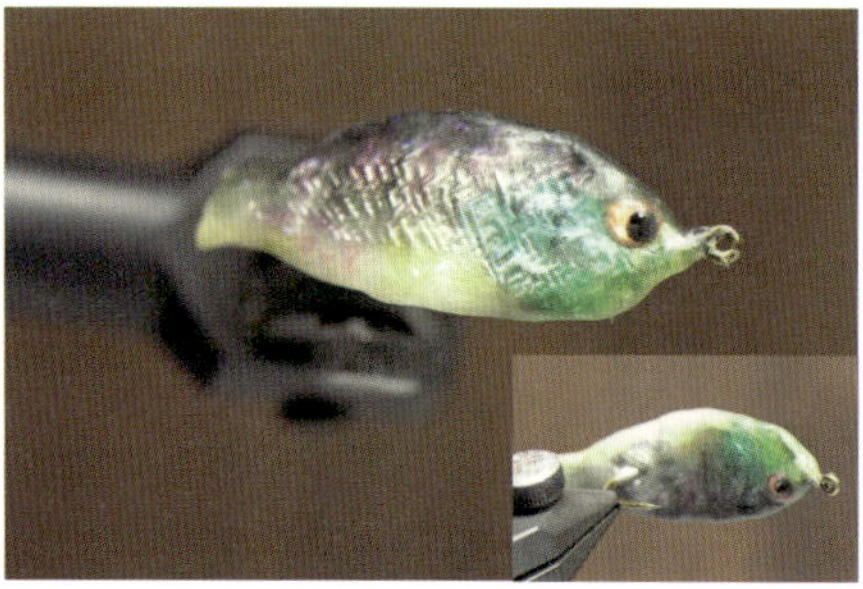

ドラギル

ウエットフライ用フック #4 ～ 6。瀕死のブルーギルを模している。水面に平べったく浮かべたまま、できるだけ動かさないで使う。（田口清輝）

夏虫

がまかつ S11-2L #6。夏用に大型サイズのフォームフライを作って試したところ好釣果に恵まれたフライ。浮かしても、動かしても良し。（中山 勝）

フォームドラゴン

TMC206BL #8。フォームで作ったトンボのボディに、あえて厚めに施した羽が、水面で激しく波紋を生み出して広範囲にアピールする。（中山 勝）

スナッグレス・バスバグ

オーナー B-13 4/0 タテアイ。直径 1mm 程度のワイヤーにヘアバグを巻き、オフセットフックのウィードガードになるように留める。（田中祐介）

ヘモロイド・アダムス

TMC100 #12。近所のヤマメ釣りで使用しているフライを流用。逆光の水面でも視認性が保たれ使いやすい。（佐々木岳大）

マダムX

TMC2302 #10。忍野ではフタスジ・イマージャーとして使用。ギルにはいいアトラクターとして効く。（佐々木岳大）

バス・マドラー 改

TMC8089 #10 など。『フライフィッシング教書』に登場。テールとリアのグリズリーハックル、カラーリングが印象的だった。（井上逸郎）

ポッピングミノー BS

ロングシャンクのストリーマー用フック #2 を曲げて使用。ストップ＆ゴーでメリハリの効いたポッピングができる。（大田政宏）

ブラックバス／ブルーギルが釣れるフライのタイイング解説

よく釣れて、いかにもバス／ギルのフライフィッシングっぽいフライを３本紹介します。

獣毛のフレア&スタッキングで作った田口さんのフライはもはやアート。

田口清輝 タイイングと解説
山本克典 写真

北海道在住ながらバス、ギル、ライギョといったウォームウォーター系のフライフィッシングも大好きな田口清輝さん。オリジナリティと遊び心溢れるタイイングに定評がある。札幌市内のフライショップ「テムズ」勤務。

ヘアバグ Hair Bug

●フック：　TMC8089＃10
●スレッド：　センパーフライ GSP スレッド（白）
●ウィードガード：
　ナイロンライン６号
●テール：　バックテール（黒）
　ヘンサドルハックル（黒）
●ボディ、ヘッド：
　ディアヘア・ベリー（黒）、（黄）
●アイ：　グラスアイ（自作）
※市販のシールアイやドールアイでもOK

●バスバグと聞いて多くの人がイメージするパターンだろう。ディアヘアやアンテロープヘアなどの獣毛をスレッドで縛ってフレアさせ、スタッキングして（詰めて）巻いたクリップトボディーが特徴。多くの有名パターンがあるが、獣毛を密に巻いて仕上げる点は共通している。基本をマスターすれば、色も形も自由な各種のヘアバグを巻けるようになる。使用するディアヘアは、ベリー（お腹）部分を選ぶこと。

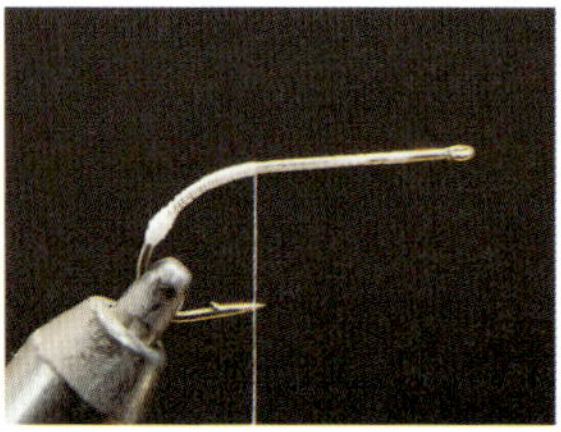

①トラウトにも使うのでフックは＃10前後。ゲイプの中程にスレッドでコブを作っておくと、ウィードガードが取り付けやすい。

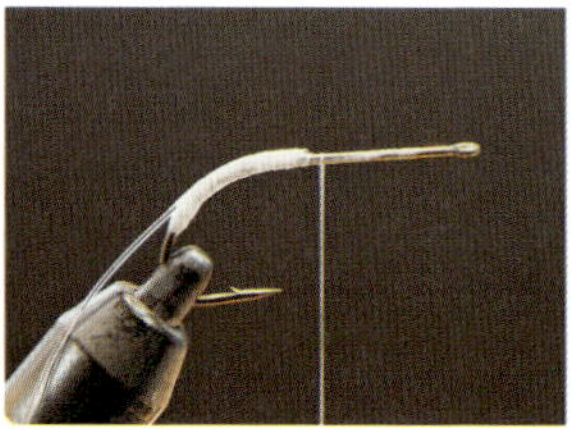

②６号前後のナイロンラインでウィードガードを作る。長さは12cmくらい。

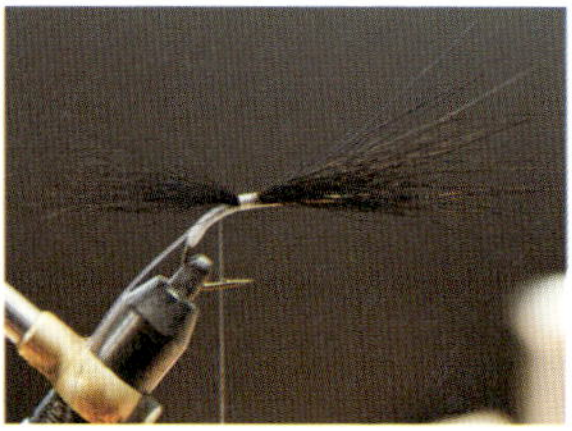

③テールになるバックテールを20本くらい取り付ける。長さはシャンクと同じくらいで、先端はざっくりと揃えておく。

④ヘンサドルハックルを片側に2枚ずつ（合計４枚）取り付ける。先端は揃えておく。

⑤アンダーファーを取り除いたディアヘアを約50～60本、シャンクに取り付けてフレアさせる。回転させながら留めるとフレアさせやすい。

⑥ディアヘアの取り付け2回目。1回目と同量くらいのディアヘアをフレアさせて留める。

⑦３回目。1、２回目と同じかやや少ない量。シャンク前半部にスペースがない場合はこの時点でディアヘアを後ろへ押し込む。

⑧ヘッドは色違いのディアヘアを40～50本。今回は分かりやすいように黒と黄色にしているが、お好みであれこれどうぞ。

⑨ディアヘアを前から後ろへ押して隙間をなくす。テールの付け根あたりを持ちしっかり支えて押す。押すための専用ツールもある。

⑩⑧よりもヘアの密度が増している。もっと高密度に巻くこともあるが、実用的にはこのくらいの密度で十分。

⑪ひっくり返して、ヘッド下側のヘアをハリ先が出るように平らにカット。カミソリがおすすめ。ウィードガードを切らないように。

⑫丸めたカミソリ（66頁）をアイ側から被せるようにして、ディアヘアをカットする。ヘッドの中心がずれないように注意。

⑬ヘッドの最後は少しディアヘアを残してカラー（エリ）にするので、カットは途中まで。ハリ先くらいまでが目安。

⑭刈り込みを終えた状態。この時点でフライとしての性能は備えている。時間がない場合はこのままウィードガードを留めれば完成。

⑮ハサミでヘッド後部を刈り込み、くびれを作る。コンパクトになるので空気抵抗も軽減。スレッドをアイの後ろでフィニッシュ。

⑯ウルトラSUなどの多用途接着剤をヘッドの前面に塗る。

⑰接着剤を塗った面を平らにする。板状のプラスチックを用意。ここではTMCフックの容器のフタにアイが通る穴を開けて使用。

⑱接着剤を塗った面にプラスチックの板を押し付ける。ヘッドを硬く平らにすることで、水押しとポップ音がよくなる。

⑲接着剤が乾いたら板を取り外し、前面が平らになっていることと、ノックアイが埋まってないことを確かめる。

⑳アイの後ろに再びスレッドを取りつける。ウィードガードをアイに通してスレッドで留める。

㉑ヘッドからはみ出ているヘアをハサミでカットして、全体を整え、アイをつけたら完成。

■ ディアヘアヘッドを仕上げるコツ

ヘアバグのヘッドをキレイに仕上げるためにおすすめなのが、カミソリを筒状のものに巻きつけておいて、ディアをカットする方法。ヘアの長さを揃えやすく、刈り込みの時間も大幅に短縮できる。

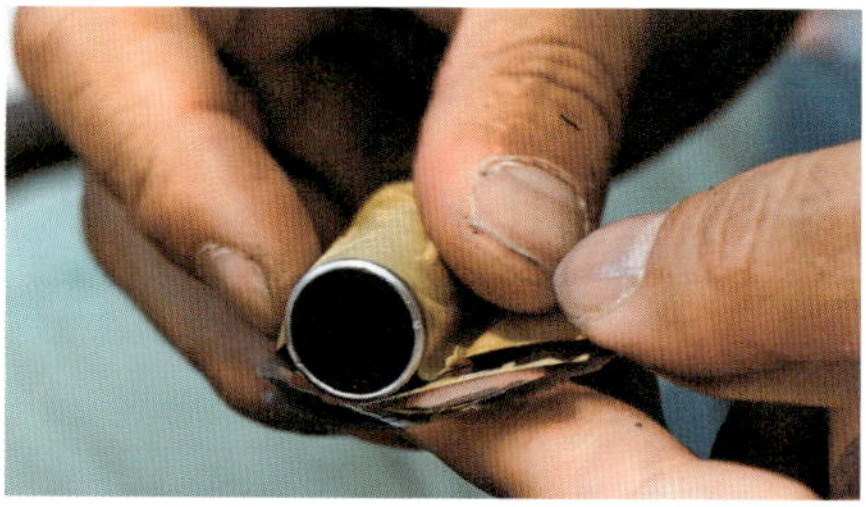

②仕上げたいヘッドの直径に近い筒状のもの（ヘアスタッカーなど）にカミソリを巻きつけて貼る。

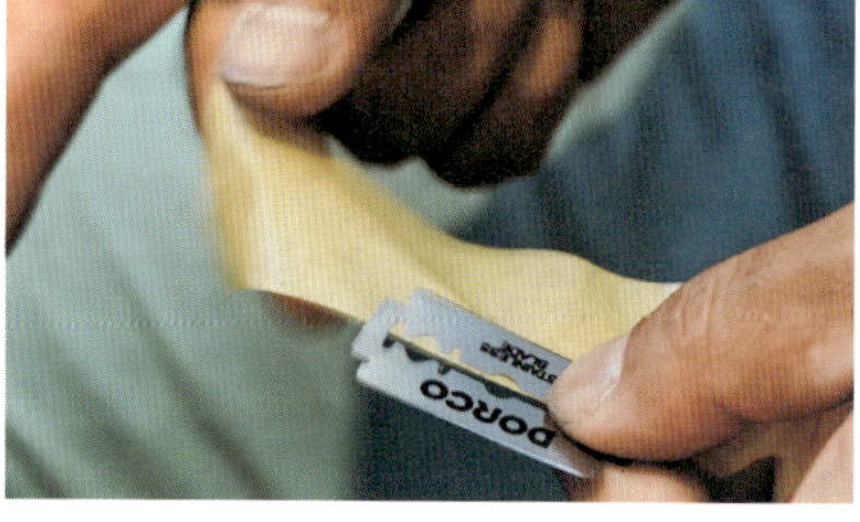

①両刃カミソリの片側にマスキングテープを貼る。刃先にはくれぐれも注意を。

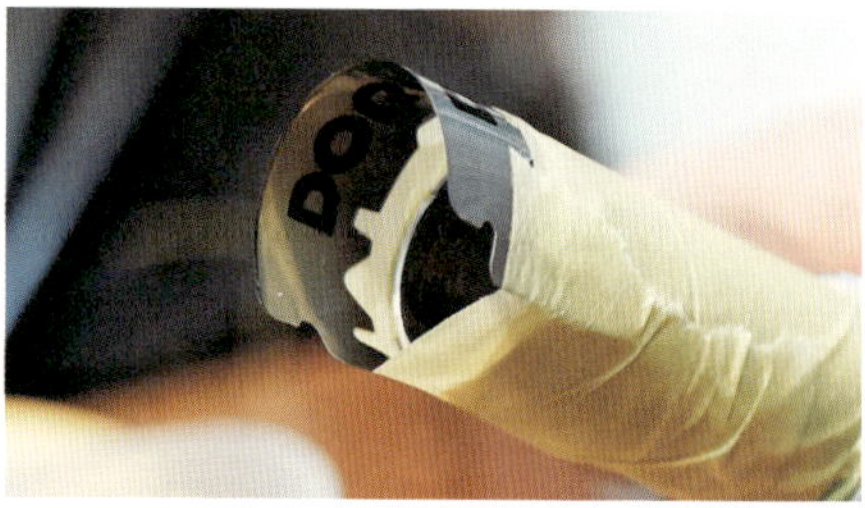

③カミソリが逆U字型になれば完成。ディアヘアを刈り込む前の状態まで何本か作っておいて、まとめてカットすると効率的で、加減も分かってくる。

マドラーミノー Muddler Minnow

●フック：　TMC201R ＃8
●スレッド：センパーフライ GSP スレッド（黒）
●テール：　ラビットゾンカー（オレンジ）
●ボディ：　フラットティンセル（パール）
●ウイング：バックテール（ライトブラウン）、
　　　　　フラッシャブー（パール）
●ヘッド：　ディアヘア（ナチュラル）

●マドラーミノーにヒゲナガカワトビケラの要素を加えて簡素化したアレンジパターン。水面に浮かべてもいいし、水中を引っぱってもいい万能フライ。バス／ギルに限らず、トラウトにも実績がある。

①ラビットゾンカーのヘアだけをハサミで切ってテールに留める。量は写真を参考に。付けすぎないこと。

②シャンクの 2/3 くらいまでフラットティンセルを巻いて止める。デコボコしないよう、下地をあらかじめスレッドで均しておく。

③先端を揃えたバックテールを 30 本前後巻き留める。テールより短く。フラッシャブーをウイング下側に左右 2 本ずつ留める。

④ディアヘアを 40 ～ 50 本取り付けてフレアさせる。カラー（エリ）兼なので、毛先の先端が揃っている方が見た目がいい。

⑤余りのヘアが長すぎると、2回目に留めるディアヘアの邪魔になるので、ハサミでカットする。

⑥2回目のディアヘアを乗せてヘッドを作る。ディアヘアの色を変えて、ツートーンにしても面白い。

⑦ヘアをフレアさせるコツは、スレッドに強いテンションをかけること、切れないスレッドを使うこと。

⑧うまくフレアするとこんな感じになる。スレッドでヘアを巻き込んだり倒していればニードル等でかき出す。OK ならアイでフィニッシュ。

⑨カミソリでヘアを刈り込む。最初はヘッドの下側から、なるべく平らになるように。バランスよく刈り込めば完成。

モンタナニンフ Montana Nymph

●フック：　TMC3769 ＃10
●スレッド：　センパーフライ GSP スレッド（黒）
●テール：　コックハックルもしくはスペイハックルのファイバー（ブラウン、黒など）
●アブドメン、ソラックス、ウイングケース：シェニール（黒）、（黄）
●レッグ：　コックハックル（グリズリー）

●ファンシーニンフだが、その実力は高くバス／ギルにおいても実績は言わずもがな。ストリーマーとして使ってもよく釣れる。シェニールは巻きやすく、マテリアル代も安く済む。初心者には申し分のない1本。

①テールを取り付ける。長さはシャンクの半分、10～15本前後。テールにマラブーを用いるとモンタナマラブーになる。よく釣れる。

②アブドメン（腹部）になる黒のシェニールは先端を少し剥いて、中の芯をシャンクに取り付ける。

③隙間があかないように黒のシェニールを巻く。シャンクの真ん中くらいまできたら、一旦スレッドで留める。

④黒のシェニールを二つ折りにして根元を留める。これがウイングケースになる。

⑤ファイバーを片方だけむしり取ったコックハックルを、黒シェニールの前に取り付ける。これがレッグになる。

⑥次に黄色のシェニールを剥いて、黒シェニールと同様に芯を留める。

⑦黄色のシェニールを巻いてソラックスを作る。隙間ができないように。

⑧ハックルを黄色のシェニールの隙間に巻く。ファイバーがしっかり立つように巻いていく。

⑨黒シェニールをウイングケースとして被せて、アイのところで留めてフィニッシュ。余った黒シェニールをカットすれば完成。

自信を持って推せる！
バス／ギル用フライ　3選

中山 勝　文 写真

中山さんのツバメフライ。

no.1

no.2

no.3

no.1
Mad Scientist
マッド・サイエンティスト

no.2
Mouse Gurgler
マウス・ガーグラー

no.3
Fox Hair Head Zonker
フォックスヘアヘッド・ゾンカー

※タイイングを動画でご覧いただけます。

僕が使っているバス／ギル用のフライの中で、よく釣れてビギナーにも巻きやすいものを教えなさいと、編集Y氏から依頼（強要？）されたので、せっかくなら……と、とっておきのフライをご紹介させていただきます。

いわゆるウォームウォーター系フライの代表格といえば、パラっとふんわり巻いたヘアバグだったり、逆にギチギチに隙間なく巻き留めたヘアバグ。愛くるしいお目々のポッパーなど……。

これはこれでそのスジの方々の興味をそそると思うのですが、昨今の輸入規制によりレア化した、獣毛マテリアルやらハックルの価格高騰には目を見張るものがあり、手を出すのはなかなか勇気が必要だったりします。

バス／ギルのフライフィッシングの良いところは、下駄ばき感覚でフィールドに行ってお気楽に釣ることを前提とすれば、フライタイイングにおいても肩の力を抜いてリラックスして楽しみたい。

そんな風に考えている僕が今回紹介

no.1

Mad Scientist
マッド・サイエンティスト

フック：　がまかつ B10S ＃６～２
スレッド：　ユニスレッド 6/0
ヘッド：　２㎜厚のフォームを接着剤で貼り合わせたもの
テール：　マラブー
リビング：　カクタスシェニール
レッグ：　ラウンドラバーレッグ M
アイ：　５mm

●米国のフライマン、エリック・スナイダー氏が考案したパターン。驚くべきは接着した２枚のフォームを折るだけでポッパーヘッドが作れること。マテリアルさえテーブルの上に置いておけば５分程度で作れてしまう。●使用するフックによってはキャスト時にひっくり返ってしまうことがある。フックベンドにレッドワイヤーを結んでおくとひっくり返ることがなくなる。超絶簡単なポッパーの決定版と言える。●基本は 2mm のフォームを２枚貼り合わせるが、片側を 3mm のフォームに入れ替え厚みを増し、幅を細くしたヘッドを作るのも面白い。乾いたポップ音が強くなって、遠くからバスを呼び寄せてくれる。

するバス／ギル用フライのポイントは3つです。

比較的手に入りやすいマテリアルを使用していること。

フックを全てがまかつB10Sの＃2で統一していること。

簡単にタイイングできること（これが一番重要かも）。

シンプルすぎて拍子抜けでしょう？でもこれでいいと思っています。ビギナーにあれこれ難しいことを勧めるよりも、とりあえず巻いて、釣って、話はそこから。

もちろん僕も日頃の釣りで使って実績があり、とても信頼のおけるフライパターンです。

どれも短時間で巻けるので、急遽決まった釣行時のお助けフライとして、中・上級者の方にも覚えておいてもらって損はないと思います。ぜひチャレンジしてみてください。

no.2

Mouse Gurgler
マウスガーグラー

フック：　がまかつ B10S ＃６～２
テール＆ボディ：
ラビットストリップ
フォーム：２mm厚

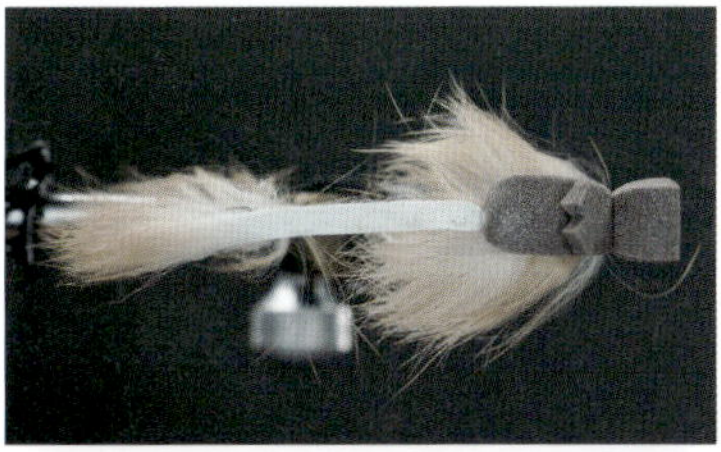

●ジャック・ガーサイド氏の名パターン、ガーグラーをオマージュしたネズミ型フォームフライ。ラビットストリップとフォームシートのみの構成。引き波を立てて泳ぐ。ラインを強く引くとマイルドなポップ音でバスを誘惑する。●ボディはラビットストリップを巻き付けているが、軽量化したい場合はダビングループにラビットストリップを挟み込んでスキンをカットし、ヘアだけで巻くのも有効な手段。テールの先に装着したフォームにより、水面にテールが浮かび、なまめかしく動く。テールは余分なファーをカミソリで剃り落とすことで、軽量化に一役買っている。

no.3

Fox Hair Head Zonker
フォックスヘアーヘッドゾンカー

フック：　がまかつ B10S ＃６～２
テール：　ラビットストリップ
ボディ：　UV ポーラーシェニール
ヘッド：　フォックステール
アイ：　６mm

●毛足が長く手に入れやすく、水を適度に押すものとしてフォックスヘアーを選んだ。アンダーファーごと巻き留めることでボリュームを損なわせないことが重要。●大きなヘッドが水流を受けることにより力強く水押しをする。テールのラビットストリップが水流を受け、ポーラーシェニールが煌めきを演出する。●水辺の障害物まわりを攻めるのも、小河川でウェーディングしながらダウンクロスで流すのも有効。

バスに合うオールドタックル

文 写真 平野貴士 HIRANOTSURIGU

SA システムシリーズ。

以前、千葉の野池、ダムをよくフローターで釣っていました。当時からオールドタックルが好きで、グラス、竹、低弾性カーボン、と色々使いました。

バスはトラウト以上に遊び心を楽しめ、オールドタックルとの相性は最高だと思います。ファッションも自由度が高く、ベースボールキャップ、ストローハットも似合います。

ブルーギルから小バスは#5~6、フルサイズのバスバグ用には#8がメインと思います。北海道でのビッグドライフライの釣りに近いものがあります。

タックルはメイド・イン・USAにコダワりたいところです。今回は正統派でまとめてみましたが、もっとハチャメチャ感があるのがバス釣りの良いところなので、皆さん楽しんでください。

カーボンロッド

'80~'90年代の低弾性グラファイト素材を使い、厚めに巻かれた竿が向いています。このころのアメリカ製の竿は作りも丁寧で、今でいうカスタムロッドのクオリティがあります。

バス専用モデルの竿も各社出していました。8フィート9インチ#8／9スペックで、フルサイズのバスバグ用に憧れました。個人的には西海岸のパウエルが好きです。

グラスロッド

'60~'70年代のグラスロッド黄金期は面白い竿が多いです。

元々ルアー少年だった影響で今でもフィリプソン、フェンウィック、ヘドンなんかに目がいってしまいます。ラス・ピークもトルクのある竿が多く、高番手は比較的入手しやすい印象です。自分の中ではバスといえばグラスロッドです。

バンブーロッド

'50~'60年代の竹竿にはバス向きのモデルが多いです。ポール・ヤングも、テキサス・ジェネラル　8フィート6インチ、パラボリック17　8フィート6インチなどバスバグを意識した竿が多いです。

ペインにもずばり、バスバグロッドがありますが、やはりウェスタンロッドメーカーにティップが強めのバスバグ向きの竿が多いです。

個人的には高番手のショートロッド(7フィート#6)はフローターでよく使用していました。8フィート6インチ~9フィートクラスも竹竿特有の凄いトルクで、大きなバスバグも簡単にターンします。フィリプソン、ヘドン、グランジャーなど、良い竿が多いです。

高番手の長竿には、竹竿の面白さ、他の素材にはない有利性が生きてきます。

バスに合うリール3選

サイエンティフィック・アングラーズシステムシリーズ。ハーディー・マーキスの北米販売仕様です。マーキスだとイギリスになってしまうので、これならギリギリセーフかなという感じです。使いやすく、カーボンロッドとの相性はバッチリです。

フェンウィックワールドクラスシリーズ。初めて見た時はなぜか二つあるドラグノブが不思議でした。バス＝フェンウィック＋USAで決まりでしょう。他人とかぶらないのも得点が高いです。

フルーガーメダリスト。アメリカン・リールといえばフルーガー。歴史も長く竹、グラス、カーボンと全てにマッチングします。モデルの販売期間が長いので、竿とリールの年代を合わせられる点もポイントが高いです。

気の抜けた回転音が、焦る気持ちを落ち着かせます。バス釣りのリラックスした雰囲気にもピッタリです。

『Book of the Black Bass』Dr. J.A.Henshall（1881 年初版）
フライフィッシングによる最古のブラックバス釣り教本。

フェンウィックワールドクラスシリーズ。

フルーガーメダリスト新旧。

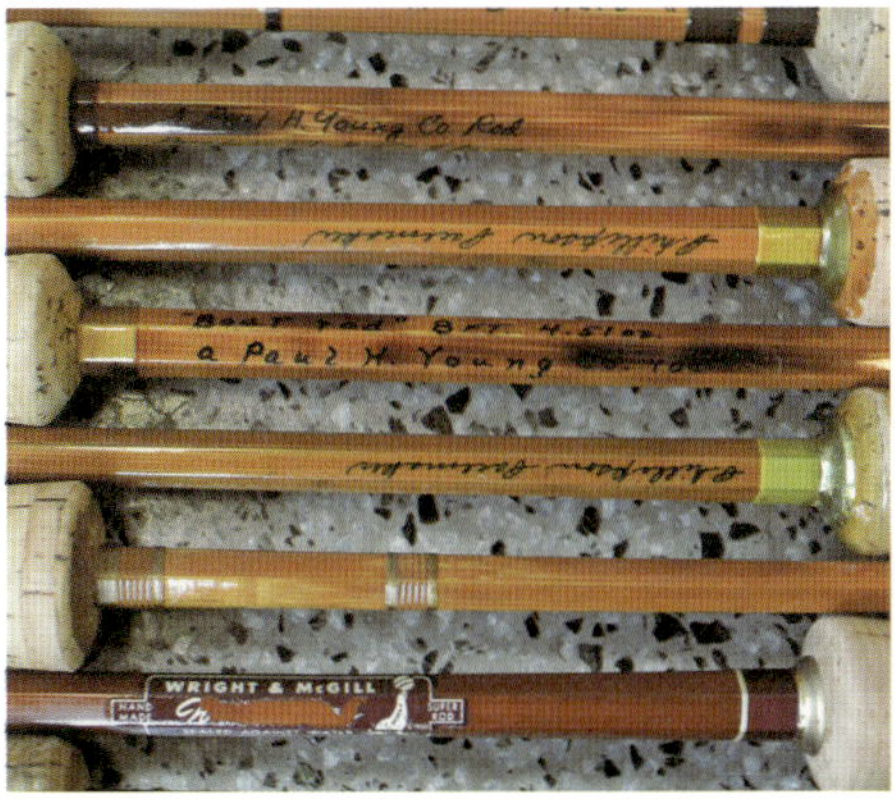

1950 ～ 1970 年代、東西アメリカンバンブーロッド。

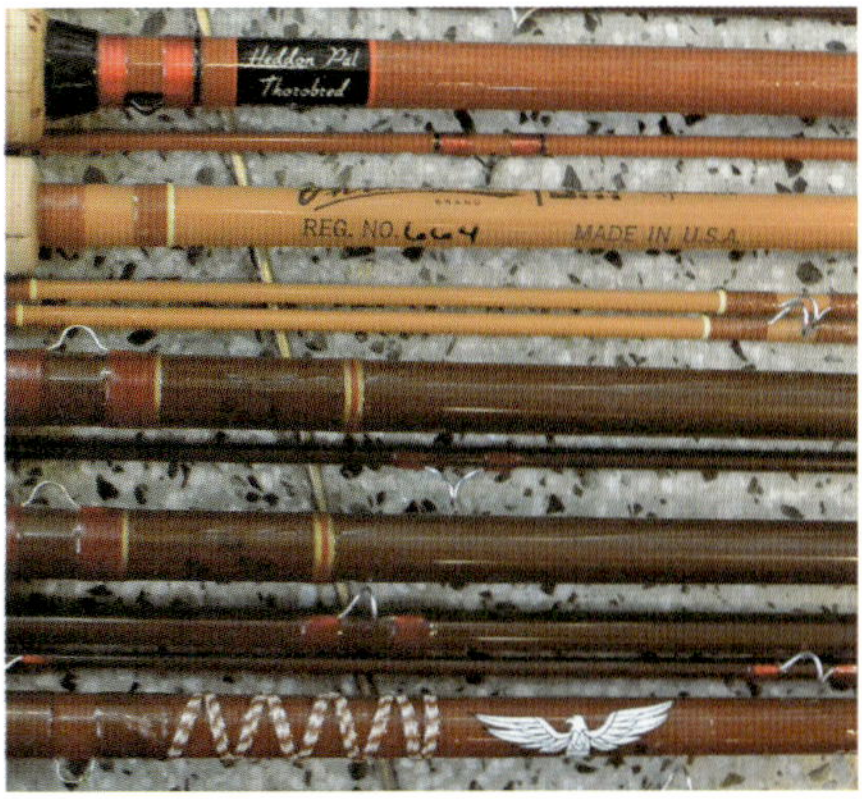

1960 ～ 1970 年代アメリカングラスロッド。

夢——、フライでロクマルへの道

文 写真 丸山拓馬

フライでビッグバスを釣ること。中学3年の時にフライでバスが釣りたくてフライフィッシングを始めた自分にとって、それは長年の夢でした。

バスの大物といえば、50㎝がひとつの基準で、さらに60㎝、いわゆるロクマルが一般的にトロフィーサイズかと思います。フライでバスを釣る場合、条件がいい時に、型を選ばなければ、ルアー以上に釣れることが結構あります。

しかし、大物をフライで釣ろうと思うと、当然簡単ではありません。ましてバス歴30年にして50㎝の壁も超えられずにいた私には、叶わぬ夢と思っていました。

それでもビッグバスへの憧れから、年に2〜3回ずつ通い始めた神奈川県・芦ノ湖で、3年前の6月に、まさかのフライでロクマルが釣れちゃった！のです。

芦ノ湖は今から99年前の1925年に

ビッグバス狙いのタックル。ロッド：セージ ペイロード 889-4 リール：ティボー リップタイド（シャロースプール）ライン：エアフロ シックスセンス シンキング Di7 WF7/8

日本で最初にバスが移入された湖。20年以上前からプラスチックワームの使用が禁止されており、バスの保護や放流も盛んです。

おかげで近年は関東有数のビッグバスレイクとなっています。ただ同時に難関ハイプレッシャーレイクでもあり、長く生きているビッグバスたちは天才君ばかり！　私は毎回翻弄されて厳しい釣りを強いられます。

この日も朝からおおばボートさんでバス用ボートを借りて出船。ビッグストリーマーに数回のチェイスはあったもののヒットはなし。それでも午前中にサイトフィッシングで40㎝弱のバスと20㎝超のブルーギルをキャッチできて、心に余裕が生まれました。

午後は、釣れた例はないけれど、ボトム狙いの釣りにチャレンジしてみることに。高比重シンキングラインと5ftショートリーダーに、浮力のあるフォーム材を使用したザリガニフライ。ラインはボトムに沈めてフライだけ湖底から少し浮かせて泳がせる作戦。

昼過ぎに入った小さなワンド。かなり沖でエンジンを切り、静かにアプローチ。エレキでボートポジションを整えてカケアガリを狙って20mほどキャスト。水深は4～5mほどですが、ラインをボトムに沈めるため、たっぷり1分以上カウントダウンしました。

ライン着底後、ゆっくりとリトリーブ開始。ラインを30㎝ほどストリップしてストップ。これを数回繰り返した時でした。……ククッ！　鈍い生命感が。食ったのか⁉

半信半疑ながら、湖底に沈んでいるラインを意識して、大きくラインをストリップしてフッキング。

レギュラーサイズのバス。ボートの係留ロープにサスペンドしていた見えバスをシュリンプパターンで食わせました。37～38cmのバスでも8番ロッドを大きく曲げて元気にファイトしてくれます。

水深2mほどのレンジに見つけたデカギルをチェーンボールアイを搭載したアトラクターモンカゲニンフで攻略。20cmを超えるギルとのファイトで4番ロッドは根元からひん曲がります。芦ノ湖は大型のブルーギルも多い!!

さらに重みが乗ったところでロッドでも追いアワセ。その瞬間に感じた、根掛かりのような重量感。

あれ、魚じゃない!? と思った直後、湖底に延びていたラインが動き出し、ドバババッ!! エラ洗いしながら高々と宙を舞ったのは見たこともない巨大なバス！

手にしている8番相当のロッドパワーで魚を寄せようとしますが、強烈な引きで、なかなか魚は寄りません。再びジャンプ、さらにジャンプ！

魚が潜行した隙に、足元のラインを一気に回収してリールファイトへ。バス用には大げさなティボーのリールを逆転させて、ボトムに突っ込むバス。

すると、ピタリとラインが動かなくなり、何か障害物に潜られてしまった。水深3～4mほどの湖底の様子は波と水面の反射で全く見えず、暫く待っても魚が動く気配はない。

あぁ、もうダメか、と思いながらも、フロロ14lbのティペットを信じて、ラインをダイレクトに引っ張り思いっきりリフトすると……。

ググググーー、フワッ！　抜けた！


なんとか魚を障害物から引っ張り出すことに成功。それでもまだ下に突っ込もうとするバス。また潜られてはたまらないので、エレキで魚を沖に誘導。ボート際でも突っ込みを繰り返した魚を、最後は震える手でネットイン！

こうしてキャッチしたバスが、私にとって初めての50㎝オーバーにして、夢のロクマルだったのです。ざっとメジャーを当てた長さは61㎝！　巨大な口に他のハリ傷は見当たらない綺麗な魚体で、下アゴの硬い部分に、バーブレスフックに巻いたフライがガッチリ掛かっていました。

ライブウェルで魚を休めながら、数枚の写真を撮り、あとは感謝の言葉を唱えながら急いでリリース。

ゆっくり潜っていくバスを見送った後、私は全身がわなないて動けませんでした。

フライでビッグバスを狙う。簡単ではなく、むしろ辛いことの方がたくさんあります。

それでも、分厚い下アゴをつかんだ時に感じる高揚感は、どんな苦労も吹き飛ばしてくれます。

小バスやブルーギルの釣りも最高に楽しくて大好きですが、釣れなくて辛くても、体が震えるほどの興奮と感動の出会いを求めて、私はフライでさらなる夢のビッグバスへの挑戦を止められそうにありません。

61㎝のバス。重量は未計測でしたが魚体が重すぎて手が震えちゃうほど。

拳がすっぽり入ってしまう口の迫力と、下アゴの厚みがとにかくタマリマセン。この手で下アゴを掴みながら、むしろバスの魅力にがっちりと掴まれているのは私の釣り心。

おあいこ
家族の釣りとブルーギル

文 写真 佐々木岳大

学校を卒業して最初に就いた仕事はスイミング・インストラクターだった。

30年も前の話になるが、少子化がいまほどは問題視されていなかった時代だ。毎日たくさんの子供に囲まれて、声をからす日々から学んだものは、泳ぎ方の指導法ではなく、子供の興味をひく術だったかもしれない。

大人が本気で遊ぶと仕事になる。何かの本で読み、そんなものなのか？と思っていたが、本当ならば私にとってフライフィッシングは〝本気の遊び〟だったということになる。

フライフィッシングのメーカー勤務という、フライフィッシャーのなれの果て的な職を得たことで、フライフィッシングの普及活動も仕事の一部になった。

しかしその活動は、フライフィッシング経験をもつアングラーに対し、より楽しいフライフィッシングを提案することがほとんどだ。フライフィッシング未経験者にフライフィッシングの楽しさを伝えることとは、同じようでまったく異なるというのが私の考え。

これはフライフィッシング未経験者である幼い息子との釣りをめぐる、罪悪感と私の言い分でもある。

12年前、40歳を目前に子供を授かった。男の子だったこともあり、私の〝趣味が昂じて……〟的な経緯を知る友人たちは、それが既定路線かのごとく「釣りさせるんでしょ？」と口にした。質問の響きを感じさせない、断定的な言いまわしに聞こえたのは気のせいではないだろう。

しかし周囲の考えとはうらはらに、ワタシは子供に釣りを無理強いするつもりは微塵もなかったし、今もそうは思っていないと断言できる。

そもそも趣味というものは、本人の主義主張によって楽しむものだ。父親は

父親、子供は子供。

事実、数年に一度しか電車に乗らない父親の息子は、立派な鉄道マニアの道を歩みつつある。父親とは違うジャンルを見つけた息子が、オタク街道をまっすぐに突き進んでいく様子は、興味深く微笑ましい。

だが、子供の方から釣りを「やってみたい！」と言うのであれば話は別である。息子の母でもあるワタシの妻は、ときに地元の小渓流で、知らず知らずワタシの先行者になっている危険性を秘めた女性フライフィッシャーだ。

子供は親を選ぶことができず、良くも悪くも親の影響をうけて育つ。両親がフライフィッシャーである以上、息子がフライフィッシングに興味をもつ可能性は、釣りをしない両親の家庭よりも遥かに高いと考えた方が自然だ。

そんな有利な環境にありながら、ワタシは息子がより強く釣りをしてみたいという感情をもつよう、姑息で卑怯な手段を講じた。「やってみたい」と口にした息子に〝やらせなかった〟のだ。

釣り竿をもってピューピューやってみたいと言う息子に、「まだ無理かな？」「大きくなったらね」と言い訳をしてはぐらかしたのだ。やってみたいことをやらせてもらえない体験は、大人であれ、子供であれ、強いストレスを感じる。より強い気持ちで、やってみたい！と反発するのが人なのだ。

諦められては本末転倒なので、ときどきは竿を握らせるが、子供が飽きる前に釣り竿没収策を講じる念の入れようで、ワタシは息子の心に興味の火を絶やさないよう配慮を続けた。

息子にとって最初のフライフィッシングは、ブルーギルが初めて日本の公共水域に放された歴史をもつ静岡県の一碧湖で体験することになった。息子がまだ4歳だった頃の話だ。

この日は育児疲れの妻を家に残し、父と息子の2人だけ。湖岸に沿って作られた遊歩道に植えられた樹木が、湖面まで大きく枝を広げて日陰になっている場所。厳密には、岸から8ft以内にギルの着きそうなカバーがあるポイントを選んだ。

8ftにはもちろん根拠がある。車に積んであったロッドが8ftで、ワタシはフライキャスティングを子供に教える気など毛頭なかった。釣りの楽しさと、釣れた喜びを通して、子供に「遊び方」を教えたいだけなのだ。

それには、釣れないときにも楽しめる心が必要不可欠だが、理屈ではなく、体験を通して時間をかけて学べばよい。

第一、4歳児が8ftのフライロッドを一人で保持することは不可能だ。子供が湖に落ちないように、背後から抱えて一緒にロッドを握ってやるのが唯一の解決策に思えた。

あらかじめセッティングしたタックルは、フライライン先端に備えつけられたループに16ft超の4Xティペットを、ループトゥループで接続してある。水面にフライを垂らしたときに、フライラインの重みで毛鉤が引かれないようにするための対処だ。

そしてギルはあっけないほど簡単に釣れた。ギルが鉤にかかるたびに「いまの一人で釣れたんじゃない?」と、息子が自尊心を満たし、嬉しくなるようなひと言を投げかけた。

とはいえ、フッキングしない毛鉤へのライズもたくさんあり、失敗するたびに「いまのは惜しかったね〜。」と、親子で派手に盛り上がり、ゲラゲラと笑い転げて失敗も楽しんだ。

親が笑えば、子も笑う。物心がつくまえの子供は、親の真似をするものなのだ。これで完璧。息子にとって、釣りは楽しい水遊びの仲間入りをした手応えがある。

教育は動機付けができていないと強制になり、「やりたくない」という反発心へとつながる。私のなかで動機付けは、楽しいとほぼ同義なのだ。

もしあなたが、家族や子供とフライフィッシングを共通の趣味としたいと思うのであれば、怒った瞬間即終了。あなたのイラつきが、釣り好きへの芽を摘むことになることを、肝に銘じておくべきかもしれない。

楽しさの演出と、余裕を感じさせる忍耐を試されているのだ。そして100%必ず釣果を得られる場所、タイミング、魚種を熟考して欲しい。釣りに理解のない未経験者は〝釣れた〟という結果以外に釣りを楽しいと思える術を知らない。

趣味は本人の主義主張によって楽しむものとはいえ、あきらかに子供をフライフィッシングに誘導しているじゃないか。

私もそう思うが、無理強いをしていないことが事実であることは確かだ。

ただ、私は父として息子に嘘をついたことをここで認めなければならない。この日、一碧湖へ向かう道程の途中にある駅では、子供向けの鉄道イベントが開催されていた。電車に夢中の4歳児はイベントに満足したら帰りたくなる。

なんとか釣りを体験させるために、父は子供の習性を意図的に利用した。息子は公園で遊ぶことが大好きだ。「いっぺき公園って知ってる?」「お水遊びもできる大きな公園だよ」。

一碧湖をいっぺき公園。釣りをお水遊び。相手はその違いに違和感を覚えるはずもない年齢の子供だ。息子は「え!知らないの? 行ってみる?」と聞かれ、大きな声で「行きたーい!」と無邪気に瞳を輝かせた。

息子の笑顔を見たときの罪悪感をワタシは今も忘れない。このギルティーな感情は、物心のついた息子に「昔さぁ……。」と正直に話したことで少し救われた気がした。

一碧湖でのギル釣りは我が家の夏行事

として定着し、現在も〝いっぺき公園の釣り〟という呼称が家族に浸透している。

今年、12歳に成長した息子からは自立も感じられる反面、まだまだ母親にベッタリな甘えん坊だ。鉄道オタクへの道は加速の一途で、いまも鉄道イベントが大好き。

近所のイベントは母と行きたがるが、たまに「父と行こうカナ〜？」と嬉しいことを言ってくれる。問題は、何か欲しい鉄道グッズの販売があるときに限られることだ。

母はお小遣いで買わせるが、父は買ってくれる。このことに気がついたとき、また救われた気がした。これでおあいこだ。

お目当ての鉄道グッズを手に帰宅する息子は「それどうしたの？」と母に詰められ、モジモジ、ニヤニヤしている。数年もすれば、息子もきっと罪悪感のバツの悪さを知るだろう。その時は父が話を聞こうじゃないか。「昔さぁ……。」と切りだして笑い転げよう。

フライフィッシングでの経験が、きっとキミの人生の救いとなることを父は信じている。

夏のイワナ釣りで使用し、くたびれたフライをブルーギル用として再利用している。

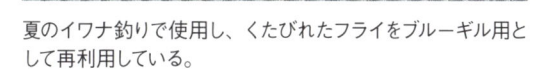

琵琶湖のフライフィッシング
いきなり行ってそれなりに楽しむために

文 写真 北原一平

琵琶湖は広大な釣り場

初めまして！〝琵琶湖と西日本の静かな釣り〟を標榜する「Walton」（ウォルトン）という釣りの本を出版しております、しがない中年です。

さて唐突ですが〝琵琶湖〟について、どのような印象をお持ちでしょうか？

数年前、偶然テレビの深夜放送を見ていたときのこと。琵琶湖を有する滋賀県が〝夏に旅行に行きたい～〟旨の都道府県別のランキングで、全国でもぶっちぎりの最下位だというアンケート結果があるのを知り、かなりのショックを受けたのです。

東京での街頭インタビューでは、琵琶湖のことに全く興味がない方がほとんどで、ガビーン！となりました。

琵琶湖淀川水系のローカルな釣りを大きなテーマに本を出していますので、いろいろと考えさせられました。そのとき感じたのは〝琵琶湖の広大さが想像もつかない人がほとんどなんやな〟ということです。

日本で一番大きな湖で、つかみどころがないというのは分からないでもないですが、釣り人にとっては、どう考えても魅力的なフィールドです。

南湖の周辺では足場のよい手軽に釣りを楽しめる場所が多く、また北湖には自然が濃いエリアも残っていて、この御時世に泳げる水質が保たれています。

幽玄な、美しい風景のなかで一年を通して釣りができ、しかも今のところ遊漁券も存在していない大らかさです（いつまでこの状態が続く

春、近江八幡周辺でのホンモロコ釣りの風景。琵琶湖では釣りと生活との距離が近い。近年大復活のホンモロコ釣りの最新情報は「Walton」誌でレポートしている。

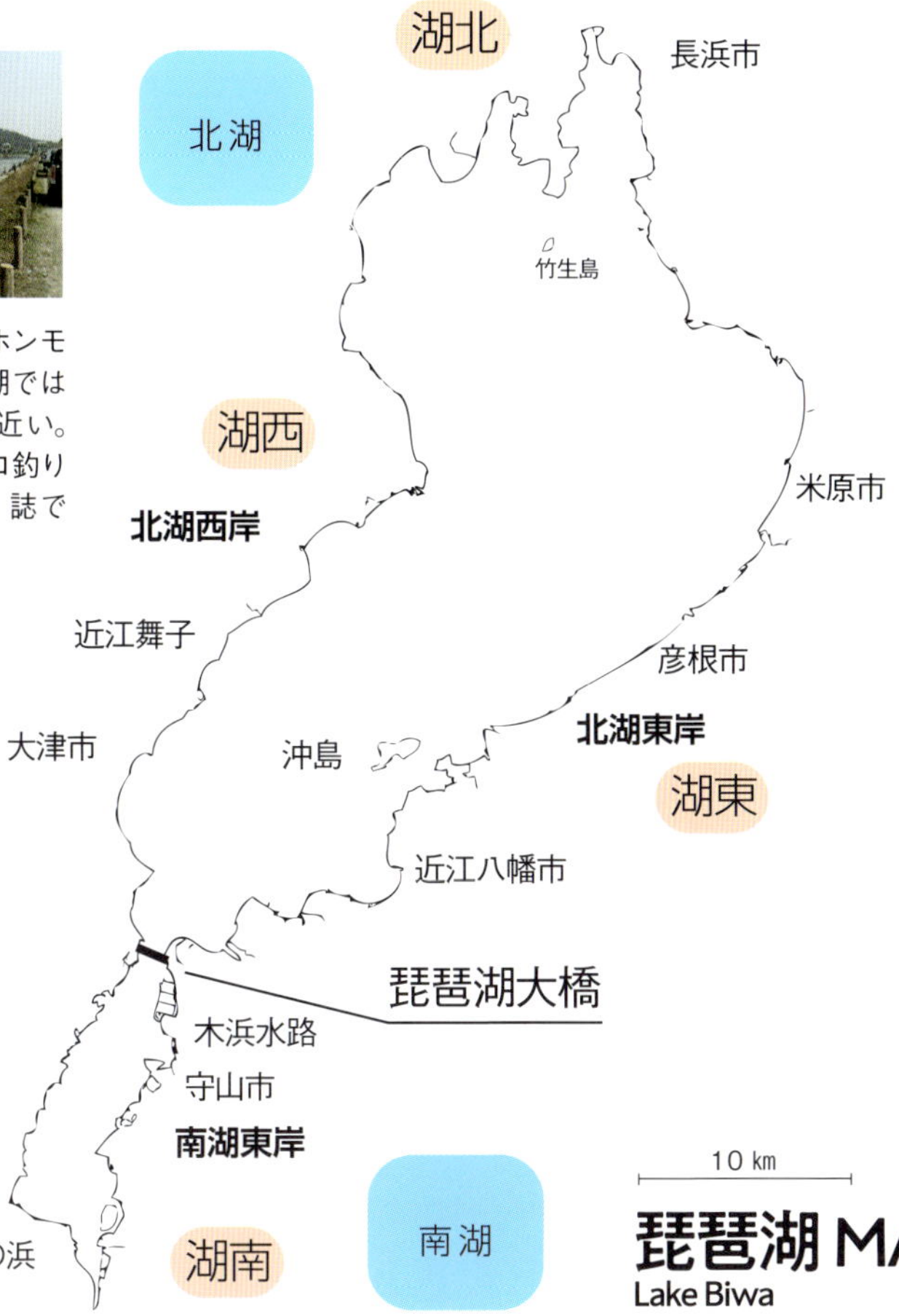

琵琶湖MAP
Lake Biwa

のかは予断を許しません）。もし平日に訪れることができるなら、より琵琶湖本来の静かな姿にふれることができ、きっと魅了されることと思います。

一日ではとても回れない

琵琶湖の地形的なことをざっくりと紹介させていただくと、「琵琶湖大橋」を境に自然が豊かで雄大な北湖と、人工的な湖岸が多い小さな南湖（北湖の約一一分の一）との二つに分けられます。

湖岸線の全長は約二三五キロで南北の長さは約六三キロ、最大幅は約二二・八キロで最小幅は約一・三五キロ。

北湖の最大水深は約一〇四メートルで平均水深は約四三メートル。南湖の平均水深は約四メートルと、北湖と比べると随分浅くなっています。

もし釣り人が下見がてらに車で湖岸のポイントをハシゴする場合、食事休憩なんかを挟みつつのんびり一周しようとすれば、一日ではとても回れません。二日でも厳しいくらいで、細かく確認するのなら、少なくとも三日はほしいところです。

それほどの広さなので、琵琶湖北部・北西部は日本海側の気候に近く、冬には雪が一メートル以上積もることもあります。南部の気候は、比較的穏やかといえます。

どこを狙う？ エリア別の特色

実際に琵琶湖で竿を出す場合、岸からなのか船なのか、また車を利用するのか電車で行くかで、選択すべきポイントは当たり前ですが全く変わってきます。

岸から届く範囲に魚がいるかどうかは、エリアと季節、気象条件で大きく変わりますが、とにかく広いので、狙いを外すと魚の気配さえつかめず、どうにもアウトとなってしまいます。

南湖は道路網が発達し埋立・護岸化が進み水質はそんなによくはありませんが、足元から水深が深くウェーディングせずとも釣りになるエリアが多いのが特徴です。

南湖東岸は湖岸沿い全域に信号の少ない「湖岸道路」が走っていて、所々に「湖岸緑地」という緑地公園の無料駐車場（多くはトイレを併設）が存在します。車での釣行の場合、それらの利用がベストでしょう。

南湖西岸には湖岸の比較的近くをＪＲの東海道本線、湖西線、京阪電鉄の石山坂本線などが走っています。大津の「におの浜」周辺は有料駐車場が多く、護岸からのバス釣りが盛んですが、市民の憩いの場となっており散歩中の人も多くバックキャストは注意が必要です。

それ以外の南湖西岸は人が住んでいたり商業施設や工場の敷地だったりで、慣れないと駐車場所が分かりにくく、釣りを開始するまでが難しいかもしれません。

対する**北湖**は、いまだに泳げる水質を保持しています。フライで立ち込まずに釣りをするなら、足場がよく水深もある港で釣りをさせてもらうのが確実です。

琵琶湖の港には、漁港をはじめ観光船が発着する大きな港などいろいろなタイプがありますが、バス釣りブームの頃のマナー悪化が原因で、釣りができない場所やグレーゾーンが増えてしまっているのが実情です。

諸事を気にせず存分にフライキャスティングを楽しみたいなら、北湖の場合はむしろ自然湖岸から立ち込む方がよいかもしれません。

北湖西岸、夜明けの河口

湖北の漁港

北湖東岸の流れ込み

北湖東岸にも湖岸緑地が点在しています。遠浅なエリアと急深のエリアが混在していますが、駐車場に車を止めてからひたすら湖岸を歩くことで、広範囲で釣りをすることができます。淡水で国内唯一の有人島として有名な沖島（おきしま・おきのしま）の対岸に位置する「休暇村 近江八幡」の周辺は、水がきれいで遠浅な浜と急深な岩場とが隣接しています。

湖北（湖東の一部も含む）から**湖西**にかけては、やや分かりにくいですが「～園地」と呼ばれる県の自然公園が点在しています（場所により、駐車場のあるなしが異なります）。湖北の一部には残念ですが釣り人は立ち入り禁止の集落があり、注意が必要です。

北湖西岸には遠浅の浜が多いです。JR湖西線の駅が浜沿いに複数あり（現状では、岸釣りは志賀駅以北がベター）、電車釣行もおすすめです。

特に近江舞子駅の周辺は、白砂青松の砂浜が延々と続きます。湖水浴シーズンには遊泳場所を区切るネットが張られる場合もありますので、そんなエリアは外してください。

琵琶湖での遊漁についてのあれこれは、地元の釣具店で配布されている滋賀県農政水産部水産課発行の『遊漁の手帖』を入手して、内容を確認してみてください。禁止エリアや罰則等が記載されています（ネットでも同内容を確認可能です）。

フライで釣れる魚はこんなにいる

広大な琵琶湖の湖岸からフライやルアーで普通に狙える魚種としては、ブラックバスとブルーギル、ケタバス（ハス）、ニゴイ、ナマズ、ウグイなどが一般的です。

さらに琵琶湖にはビワマスという長らく神秘のベールに包まれてきた固有種がいますが、普段は沖合の中層を回遊していて、唯一接岸してくる産卵期は禁漁期と重なっており、岸から狙うのは、残念ながら現実的ではありません。

ケタバス、ニゴイ、ウグイ（回遊型）については、琵琶湖の北湖に暮らす群れは普段からコアユなどを常食しているので魚食性が強く、コンディションがよく美しい魚体が多いです。

個体差はあるものの、他の地域とは段違いの強い引きを見せることが多いので、もっと

湖西の岬周り

湖西、近江舞子の内湖

河口のケタバス

見直されてもいいターゲットだと思っています。

現在のバスとギルの釣り

琵琶湖のバスやブルーギルは、20年以上前と比べると、岸からは簡単には釣れなくなってきていると実感しています。特に北湖の自然湖岸ではその傾向が強い。

ブルーギルは昔はどこでも異常なほどの入れ喰いだったのに、世の中に流布されているイメージほどは、現在は釣れてくれません。いつまでも必要以上に外来魚を目の敵にするのは、いかがなものか……。

琵琶湖のバスは、釣れるエリアで体色や体型、食性や引きの強さが明らかに違ってきます。

南湖のバスは個体数が多かったのですが、近年は急激に減少している印象です。夏以降は、藻の隙間をバスバグやポッパーなど表層系のフライで狙い打つのがイメージです。

北湖は先にもふれましたが、夏季には各地で湖水浴場がオープンします。そんなエリアを避けさえすれば、湖岸に立ち込むならば、存分にフライキャスティングを楽しめるでしょう。水草の周りを静かに攻めれば、きっと元気なバスが反応してくれるはずです。

ただ、河口域では足元が砂地で崩れやすかったり、離岸流が発生したり湖流が強いエリアも多いので、適宜慎重な判断は必要です。

水通しのよい遠浅の浜は安全性が高く、適度に水草が茂っていれば、充実した一日が過ごせることでしょう。口が小さくて体高のある引きの強いバスが釣れるのが、北湖の大きな魅力です。

内湖の釣りとブルーギル

ブルーギルをフライで狙うなら、南湖東岸エリア（木浜水路や流入河川含む）が確実でしょう。湖岸に人工的な要素が多い場所ほど、姿を見かけることが多いです。

旅行の合間にちょいと竿を出すのなら、このエリアはギルの魚影が濃く、おすすめできます。

他には琵琶湖と繋がる「内湖」と呼ばれる浅い潟湖もよいでしょう。内湖は過去にはたくさんあったのが干拓され残存するのはわずかですが、本来はアシ原や柳林で鬱蒼とし、琵琶湖のコイ科魚類の重要な産卵場所で、漁業や農業の場でもあったようです。

現存している内湖は人為的改変が進み、公園

フライの一例

ブルーギル釣り

南湖東岸の夏

の池のようになってしまっている場合が多いです。もしくは、人工的に造成されたかです。よって、ブルーギルがよく釣れます。

琵琶湖周辺では何かと目の仇にされているブルーギルですが、在来種に比べ産卵におけるバイタリティーが高いため、在来魚介類がろくに卵を産めない環境となってしまっている今の琵琶湖(特に南湖)で目立ってしまうだけであって、いつまでもあまりに意地悪い扱いをするのは、おかど違いと感じます。

子供の頃に何度か飼いましたが、よく慣れて賢い愛嬌のある魚です。北湖ではギルの数釣りが難しいエリアもありますが、港、岩場の多い浜の周辺か、内湖やそれとつながる水路のアシ際などでしたら、今でもたくさん釣れる可能性は高いでしょう。

母なる琵琶湖

北湖の浜で泳ぐことを、地元の人は「湖《うみ》で泳ぐ」と表現します。私の愚息は「塩辛くないやろ! 湖《みずうみ》やろ!」と言って聞かせてるのに、連れて行く度「海《うみ》!」と叫びます。

大津周辺の散歩が楽しい護岸も、ツキノワグマやニホンザルがうろつく湖北の岸辺も、廃品回収車の放送が鳴り響く初冬の昼下がりに小さな流れ込みでビワマスが産卵する湖西の浜辺も、みんな繋がっています。

ちょっと車で走れば、湖岸の植生や底質はコロコロ変化していきます。そんな振り幅の大きさこそが、琵琶湖の大きな魅力なのかもしれません。

地元で都合よく使われてきた〝母なる琵琶湖〟もしくは〝マザーレイク〟というフレーズがあるのですが、バスブームの喧騒の頃には開発を進めてきた省庁サイドがあまりにそれらを連呼するので、かえってうさんくさく感じていました。

しかし近頃は言葉自体に罪はなく、本当にうまく琵琶湖の本質を表現していると、素直に感心しています。

琵琶湖に立ち込んでいると、それらの意味が実感できることと思います。琵琶湖は決して男ではなく、女性的なのです。私はもう、すっかり惚れてしまっています。

みなさまも機会があれば、ぜひ琵琶湖で釣りを楽しんでみてください。

ギルも大型が狙える

壮大なスケールで釣りができる

琵琶湖大橋の周辺もポイント

「ほら、また来た〜！」

舞台は30数年前の榛名湖。僕らはピチピチの高校生。当時はまだ禁止されていなかった夜釣りで、霧雨の中、桟橋の上で釣っている友人Tのフライロッドがまた満月にしなった。

初めてのバスフライは衝撃だった

その時、僕はバスプラグを投げていたのだが、Tの圧倒的な釣果に言葉を失いかけていた。

「フライ、何使ってるの？」と尋ねる僕にTが差し出したのは奇妙な形状の、フライとは呼びがたい固形物。まるでルアーのポッパーを小さくしたような形状。

「コルクで作ったんだよ。」

と、自慢げなT。「黒いプラカラーに浸けて赤い目を描いた。」

「！！！」

マスもいいけど、バスもいい！奥深く上質なフライの対象魚

伊井明生　カーティスクリーク

当時、僕も渓流のフライフィッシングは始めていたが、コルクのフライなんて見るのも聞くのも初めて。

ポコポコ、ポコ……、ガボッ！みたいな感じで、この夜、彼は数十匹のブラックバスを手にした。

いっぱい釣れるというのにも惹かれたけど、フライが鳥や獣の毛ではなくコルクでできているということ、そしてルアーロッドとは違ってフライロッドだと中型のバスでも満月にしなるということにとても衝撃を受けた。

それと同時に、そんな僕の知らない釣りを実践しているTも何だか少し大人びて見えた。

「こういうのもあるよ。」

ひと釣りした後の休憩の時にTが見せてくれたのが、マドラーミノーの頭が大きくなったようなオバケみたいな毛鉤。いわゆるバスバグだ。

バス用のフライと言えば、『フライフィッシング教書』にでていた「バス・マドラー」しか知らなかった僕には、こんなのでバスが釣れるとはにわかに信じがたいことだった。

そんな僕のことはお構いなしに、この夜のTは、コルクのポコポコと、このオバケフライで榛名湖のバスを釣りまくっていた。

これが僕とバスのフライフィッシングとの初めての出会いだった。

マスの毛鉤釣り至上主義時代

その後、Tに教わりながらコルクポッパーやバスバグを作り、アルバイトしたお金で#8のフライロッドやリールを揃えて榛名湖へバス釣りに通った。

当時のバスはとても無垢で、小型・中型のバスなら下手な僕らをいつでも

楽しませてくれた。

　しかし、時がたち少し慣れてくるとそのイージーさに物足りなさを感じるようになった。また、高校を卒業し自動車免許も取得し行動半径が広がったこともあり、今までは遠くてなかなか行けなかった渓流や、山上湖のマスたちに目が向き始めた。

　フライフィッシングでの興味は、身近なバスより次第に憧れのマスのほうへと移っていき、バス釣りは時間がない時やマス釣りのオフシーズンなどに行く、いわゆる「片手間の遊び」となっていった。

もっと自由に釣りを楽しみたい

　そんなサケ・マス毛鉤釣り至上主義時代をン十年過ごしたある日突然、自分の釣りの世界の狭さに、ハタと気が付いた。

　いつのまにか、「こうでなくてはいけない」とか「そんなことをしたら邪道だ」とか、はたから見ればどうでもいいことに拘りすぎて自分自身を窮屈な場所へ追い込んでいたようだ。サケ・マス毛鉤釣り至上主義もそのひとつ。

「そもそも釣りというのはもっと自由ではなかったか？」

「もともとはいろんな魚に出会いたくて釣りを始めたのではなかったか？」

「このままだとオレはマス釣りだけしか知らずに死んでいくのではないか？」

「人生は短い……。もう、今日からくだらないこだわりは捨てて自由にやるぞ！」

　それからはフライフィッシングに加えてエサ釣りやルアー釣りなども復活し、魚種もサケ・マスだけでなく、興味のある淡水魚・海水魚には積極的に挑戦するようになった。

　そんななか一番初めに頭に浮かんだのはブラックバス。

　もう一度アイツを釣ってみたい。もう一度アイツと向き合ってみたい！　ということで、急いで巻いた数個のバスバグとマドラーミノーを持って、まずは手始めに昔お世話になった榛名湖へ。

マドラーミノーに炸裂！

たしか7月。季節がちょうど良かったのか、岸際の浅瀬の砂地に産卵のために集まったオイカワたちが見える。

　偏光グラスをかけてさらによく観察すると、そのオイカワの群れを遠巻きにして、数匹のバスが少し水深のある場所をウロウロしている。

　でも、そんなポイントの近くにはルアー釣りの人たちが必ずいて、ワームやミノープラグを投げている。

　仕方がないので、僕は人気のない遠浅な砂底の場所を見つけてオイカワの姿を探した。

「いた、いたっ！」

　産卵行動前のオイカワたちだろうか？10〜20匹くらいの群れを作って泳いでいる。このオイカワたちを食いに、バスたちもきっと来るはずだ。

　僕はこのポイントに居座ることに決めて、フライロッドにラインを通した。

　ジュボッ！

　釣り開始から大した時間も経ずして、少しだけ水に立ち込んだ僕の目の前でボイルが起こる。

「大きい！」

　久しぶりにバスの捕食活動を目の前に

して心臓が口から飛び出そうだ。

手が震える。僕はフライラインをリールから引き出して、もう一度ボイルが起こるのを待った。

ガボッ！　ボイルだ！

ボイルの少し先へ大きめのマドラーミノーが着水したほんの数秒後、ひったくるように水面が割れた。

それからのことは興奮しすぎて全く記憶にないが、気が付くと45㎝クラスのブラックバスの下あごを震える手でがっちり握っていた。

数十年ぶりに釣ったブラックバスは、僕が以前にフライフィッシングで釣った、どのブラックバスよりも大きかった。この体験を機に、僕はいよいよバス釣りにハマっていった。

時にイージー、時に難しい

マス釣りメインだった僕が再びバス釣りに目覚めて痛感したことは、「マス釣りも素晴らしいけど、バス釣りも負けず劣らず素晴らしい」ということ。

そして本格的にバス釣りをやってみると、マス釣りとの意外な共通点も多いことに気づいた。

先の榛名湖での体験のように、釣り場の環境やバスの捕食対象を観察して釣るのは、マス釣りのマッチング・ザ・ハッチの考え方と何ら変わらないし、岸際ギリギリに次々とフライを落としていく野池のフローターの釣りは、いわゆる渓流釣りの〝叩き上がり〟と感覚的には非常に近い。

バスのフライフィッシングを、マス釣りオンリーの方々にもぜひ楽しんでもらいたいと、常々思っている。

オフシーズンの手慰み的にバスのフライフィッシングをやってみるのもいいけど、シーズンを通して真剣に取り組んでみると、もっともっと奥があり、とても楽しく、とても難しく、とてもエキサイティングだということが分かると思う。

たとえば、ブラックバスのことはもちろん、エサとなる小魚やカエルなどの小動物たちの生態や、四季折々の行動に思いを巡らす。

たとえば、巨大で空気抵抗の大きなバスバグやコルクポッパーをトラブルなくキャストするには、マス釣りとは違ったテクニックが要求され、またもう一度キャスティングを考え直したりする。

そこにはバスのフライフィッシングの底知れぬ奥深さが待っている。

でもその反面、難しいことは抜きにして近くの野池や沼などで気楽に手軽にできるのが最大の魅力。

ある時はマス釣り同様に難しく、ある時はイージー。

そして仲間と大声で笑いながら遊べるのが何より最高！

こんなバス釣りを追いかけたい

今後の僕のバス釣りの課題は、「どれだけ巨大なバスをフライで水面まで誘い出せるか？」ということと、その昔、西山徹さんが厳寒期の河口湖でやっていたような、シンキングラインを駆使したディープレンジの開拓だ。

ブラックバスはとても身近にいる、とびきり上質なフライフィッシングの対象魚です。

夢はやっぱり尺ギルだ 皆で楽しみたい騒ぎたい

斉土 修

自転車の前カゴに置いたラジオから、フルボリュームで流れる鶴光のオールナイトニッポンを聴きながら、近所には生息しないブラックバスを求めて、仲間たちと自転車で遠いため池を目指した中学生時代。

結局、ルアーで全然釣れないブラックバスよりも、初心者フライタックルでもミスキャストでも、ヘンテコでポンコツなフライでも、簡単にたくさん釣れるブルーギルが好きになった。

わざわざギルを釣りに行く?

フライ仲間から、「わざわざバスじゃなくてギル釣りに行くの?」と聞かれた。そうですギル釣りですよ、バスは今回外道なんです。「ギルなんてA池に行けば尺近いのが嫌ほど釣れるよ」。

尺近いってのは絶対嘘だね。大きくても8寸弱。嫌ほど釣れるってのも嘘だね。

身近だと思っていたギルの生息場所は気がつけば次々に潰されている。車で2時間半の山上湖を仲間たちと目指した。

ゴールデンウィーク前後から、条件が良ければ7寸、8寸のギルが普通に釣れる、ロケーションもギルのコンディションも最高な場所。陸からも狙えるけれど、ナイスバイトからナイスファイト&キャッチまで全てが興奮できるフロートチューブで水面に浮かんで、ギルに失礼のない本気タックルで、憧れの尺ギルを狙うのが僕のスタイル。

ウエーダー越しに感じる水温を確かめながら、ポイントを叩きながら潰しながら湖面を進む友人たち。足ひれを必死で漕いでその後を追う。先頭を行くN氏が何度もフッキングできずに無様だった。

気がつかないフリするのも悪いから、「出てるんですか?」とていねいに標準語で尋ねてみたら、「何度も出るけどいっちょんフッキングせんとたい。」と熊本弁丸出しで興奮気味。

尺ギル狙いで中型コルクポッパーを結んだナイロン3号を歯で噛み切って、小さめのコルクポッパーとナイロン2号に交換。対岸沈み枝の手前にキャスト。着水と同時にギルらしく素直に「チュパッ」と出た。びっくり合わせで乗らなかった、お恥ずかしい。

N氏の真似するつもりは全くないけれど、何度も出るが全く掛かる気がしない。誰よりも早く1匹目が釣りたい。エルクヘアカディスやチェルノブイリアントを

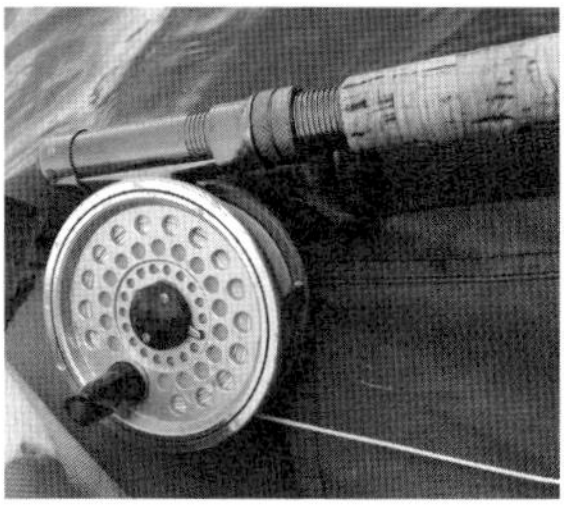

デカギルは古い国産ブランドの組み合わせが好きだと聞いたので、UFM ウエダのグラス FWF-806 に WF6F をダイワファントムに巻いている。ウエダのグラスは 7.6ft が軽くて疲れないがフローターでは後ろを叩いちゃうので 8ft が気持ち良い。

結んでしまうと、永遠にチビギルばかりが釣れ続けそうな気配だった。

フォーム材をヘッドに使った小さなポッパーに結び替えたら、普通サイズのギルが釣れた。

見事なファイトだ！

メバルやアジ釣りの時は、カウントダウンの秒数やヒットフライやサイズは、相手が土下座してお願いするまで絶対に秘密だけど、ギル釣りは皆で楽しみたい騒ぎたいから、各自情報公開。皆と湖面に浮かんで歓声を上げながら、他の釣り人が真剣に狙わないブルーギル相手に興奮しながら釣りまくる。

古いウエダの8フィート・6番のグラスロッドをギュンギュン曲げて、フロートチューブの下へ下へと最後まで抵抗を続けたナイスファイトのギルにメジャーを当ててみる。やはり7寸オーバーだ、見事なファイトだ、素晴らしい体高だ。6〜7寸を釣りすぎて麻痺しちゃってるけど、狙いは尺ギルでしょ？

大きなギルだけ狙って釣ろう

赤いコルクポッパーをナイロン2号に結び直す。オーバーハング下の怪しげな場所に叩き込む。チビギルの猛攻に耐え、水面が静かになるまで放置。控えめに一発ポッピング。その瞬間、派手に出た。フライラインで合わせると派手にジャンプ。ブラックバスは好きだけど、本日は外道なのでジャンプ数発をやりすごし、気を取り直してデカギルを狙う。

デカギルが大好物の水深があるポイントを発見。ポッパーを叩き込むと捕食音と共に水中にポッパーが引きずり込まれる。チビギルが奪い合う姿が見えるので合わせない。イチかバチかでオーバーハングの奥の奥へポッパーを叩き込む。着水と同時にまたチビギルの猛攻だ。

チビギルの下で指をくわえて水面を見ているデカギルを想像しながら、ポッパーが浮上するまで耐える。じゃれあいに飽きられたポッパーが浮上して、水面が穏やかになるまでさらに我慢。

静かに一発だけポッピングを入れる。予想通り出ないので、ポッピングで乱れた水面が静かになるまでポッパーを放置。

我慢比べは僕の勝ちだ。水面から全身飛び出して、手のひらで力強く水面を叩くような音を響かせながら、我慢できずにデカギルが出た。

フッキングが決まって7寸サイズとは明らかに違うデカギルのトルクフルなファイトを、フロートチューブでバレリーナみたいにクルクル回りながら楽しむ。

尺あるかな？と思ったけど、わずか本当に、わずか5㎝足りない……。しかし8寸超えの見事なブルーギルだ。

仲間に自慢しようと見まわしたけど、皆昼飯も食わずに夢中でギルを狙い続けてる。邪魔しちゃ悪いので、見事なデコッパチをカメラに収めた。

大きさにはこだわらないけれど、夢はやっぱ尺ギルだ。目玉が500円玉サイズ超えのメバルも魅力だが、ブルーギルの青いエラの、親指の爪サイズ超えはもっと夢がある。

池の水抜かれるまでには尺ギルと出会いたいものだ。

身近な池のブルーギル　千匹釣ってもますます楽しい

新谷一大

茨城県南部にある私の職場の裏手に小さな池があり、平日昼休みには毎日のようにフライを振って遊んでいる。

わずか15分ほどのブルーギル相手のこの釣りがじつに面白い。ドライフライによく出て、引きも強いお手軽ターゲットである反面、意外に神出鬼没で手強い一面を持つ小魚に魅せられてしまった。

周囲500mほどのY字型の皿池で、周囲はコンクリート護岸。平水時の水深は30〜60㎝と浅く、一年を通じて透明度はやや高め。池全体にオオカナダモが繁茂し、夏場は大小の藻穴が点在して雰囲気が良い。ギル、バスのほか、コイ、ヘラブナ、ザリガニなどが生息している。

爆釣シーズンは二回ある

春、桜の開花とともにギルは活発にドライフライに出始める。5月頃の産卵期は、私は狙わない。梅雨〜初夏は爆釣シーズン。ツ抜けと同時に早上がりする。

真夏の夕マヅメは、そこら中の藻穴でライズの嵐になることも。初秋から10月一杯は二度目の爆釣シーズン。冬に向かうにつれて徐々に食い渋っていくが、1月一杯まではなんとかなる。

一年で最も厳しいのは2月。水面が凍ったり、魚っ気が消え失せ、1週間連続ボウズの経験もある。3月も意外とムラがあるが、三寒四温を繰り返す気候に合わせてギルの活性は徐々に高まっていく。

ポッパーは、カップが深くて大きな音が鳴ればいいとは限らない。ヘッドが平らで控えめな音がいい時も多々ある。

群れを探すコツは

ハイシーズンなら、ギルを釣るのは簡単だ。ギルはワンドの奥など水が動かないエリアにある、岸辺の障害物周りによく群れている。そこにフライを落とすと奪い合うように食ってくることが多い。しかし時として池から気配が消えてしまうことがある。いても食わないのか？　それともいないのか？

ギルの群れを探すコツは、水況（水温、溶存酸素量、水位、流れ、濁り）、障害物、エサ、産卵、天敵（水鳥、バス、釣り人）に注目する。ただし条件は複合的だ。

これまでの経験から、よく釣れるのは曇天や小雨で無風〜微風の時、嵐の前の蒸し暑い時、晴れた日の夕マヅメ。

逆にピーカン・ベタ凪な日中はダメなことが多い。活性が低いのか、外敵の影に怯えているのか。

同じピーカンでも冬は暖かくて良さ

そうだが意外とダメ。水中で動かないギルの目の前にニンフを落としても、逃げられてしまうことが多かった。強風時はキャストもしにくく、波っ気が強くてギルが水面に出てくれず、釣りにくい。

数釣りにこだわった

秋に通い始めた当初は、#6のポッパーばかり投げていた。チュパッ！と出るだけで楽しかった。冬が近づき、反応が鈍くなってくると、是が非でも釣らないと満足できなくなってきた。ギルの習性も知りたかったので、とにかく数釣りにこだわって色々試した。

#10～12の小さなポッパーやバグを自作したり、エルクヘアカディスやマシュマロ系も試した。時にはウーリーバガーで中層を攻めた。手を替え品を替えするうちに、釣果は飛躍的に伸びた。

タフな状況下ではポッパーよりもリアルな虫系が効くことが多く、下手に誘うよりも放置プレイが効くこともわかった。

真冬になっても通い続けた。ドライにノーバイトが続いた時はポッパーのフックに30㎝ほどティペットを結んでニンフをドロッパーにしたが、マーカー代わりのポッパーに出ることが多々あって驚いた。真冬の凍てつく寒さでミッジドライで小ギルを仕留めるのに夢中になった。

ハイシーズンで釣れない時は、速い釣りで池を1周してギルの反応を確かめた。結果、いても食わない魚を振り向かせるよりも、足で稼いでやる気のある魚を探す方が早いし、楽しいと感じた。昼休みは短いのだ。

テンポ良くポイントを打っていって、ナイスバイトを掛けた瞬間、日頃のストレスが消えてなくなる。そしていつしか釣果は年間千匹を超え、数釣りにこだわらなくなった……。

1匹との出会いを楽しむ釣りへ

その後、池は瀕死の状態に陥った。水はよどみ、ウィードは枯れ、小ギルが激減した。かわりに小バスが増え、やがて大型のギルやバスが釣れ始めた。そこで、これまでの数釣りから、1匹との出会いを大切にする釣りに路線を変更した。

現在はグラスの5番ロッドで、一年中ポッパーをメインに投げている。#6がメインで真冬は#12までサイズを落とす。

フォームポッパーよりもアメリカのチープなコルクポッパーが好きで、しかもよく釣れる。カラーはチャート、ホワイト、グリーン、ブラックが好き。ラバーレッグはギルの攻撃をフック以外に分散させるので不要だと感じている。

釣り方は、着水で食わない時は、2、3回ポッピングさせてはポーズの繰り返しが基本だが、放置プレイがことのほか効く。ライズが多い時は、狙い打つのも楽しい。一発必釣、落ちパク狙いだ。

毎日やってると良い目にもあう。天候が急変した時に意外な大型魚が釣れることもある。同じ池でも天候や水況によって釣れ方がコロコロ変わるので、毎日やっても飽きない。日々新たな発見がある。

自分の好みを押し通して玉砕するのも潔いが、あれこれ工夫した結果、正解が得られるのも快感だ。今ではあまり深追いはしない。明日があるさ。

ボクのプカリ人生
浮いていれば人生幸せ

大田政宏

1998年の夏、長年住み慣れた東京を離れ、ボクは縁もゆかりもない、香川県高松市に移り住んだ。なぜ香川県なのか? 理由は野池がたくさんあったから。

その野池には釣り人が一生か、できれば二生くらい捧げても足りないくらい、楽しいバス釣りが待っているはず。そんな確信を胸に、ボクは香川に引っ越してきたのである。

ココは天国か?

引っ越しが終わって、夕方からひとプカリしようと自宅から20分くらいの池にフローターで入り、対岸に着いて1投目いきなりゴボッ! と50㎝くらいのバスが釣れた。そんで2投目、またもボフッとポッパーが消え、今度はライギョが釣れた。思わず「ココは天国か?」。そう呟いたのを覚えている。

1965～75年頃に製造されたファイバーグラス製のバスアクションロッドを使っています。この頃のロッドは、空気抵抗の大きいバスバグをゆっくりと打ち返す釣りに向いていると思います。

魚の大きさだけで言えば、琵琶湖も移住先の選択肢には入っていた。しかし野池は別の意味で、魚のクオリティが高い。特にウィードに覆われた池の奥へのフローターからのアプローチは、まさに釣り人未踏の水面ゲームであった。

そんな野池のインレットにはとんでもないプリプリのビッグバスが潜んでいて、ポッパーを落とすと、ゴボッ! ゴォボォッ! といくらでも反応した。左手の親指の腹はいつもささくれ、血が滲んでいた。そんな野池が香川県には無数にあった。

こうして始まったボクのプカリ人生。25年間にわたって、ボクはバスバギングをやり尽くした。暇さえあれば野池でプカる。休日は早朝から野池にプカり、昼にうどんを食べ、夕方からまた野池にプカる。平日も仕事前にひとプカリ。釣り人が釣り場の近くに住めるというのは、本当に幸せなことだ。

おかげでビッグバスを何本もキャッチしたが、逆に嫁がリリースとなった。アレ? こんなはずじゃなかったのにな。あんたフローターやめますか? それとも人間やめますか? はい、人間やめます。それしか答えようがなかった。

今でこそ若者が田舎暮らしにあこがれ、地方に引っ越してくることは珍しくないそうだが、25年前は「移住」って言葉自体、へんな響きがあった。しかも動機がプカるため……。もうこの時点で終わってたと思う。なのでその後は「オレみたいなのをフローター・バムっていうんだよ。

オレみたいに釣りばっかりやってちゃダメだよ〜。」と、周囲には反面教師よろしく開き直って、面目を保っていた。

野池でロクマルを釣りたい

ビッグバスはどこにいるのか？　ボクの一番の関心ごとは常にそれだった。

仕事でロサンゼルスに行く機会があればレイク・キャスティックにも浮いたし、琵琶湖にも通った。琵琶湖では3度目のチャレンジで65㎝を釣ってしまった。これ以上のビッグバスはあり得ない感じだったが、今度は野池のロクマルが釣りたくなった。

普通ビッグバスというとダム湖や広大な湖を思い浮かべると思うが、野池にもかなりのサイズのバスがいる。アメリカの州のレコードバスは3分の1がポンド（池）で釣られたものだ。実際にかつてロクマルがいた池をボクは知っていた。

ねらい目は、誰も入っていない、うっそうとした汚い池。そういう場所を見つけ出し、そこでロクマルを釣りたい。

目標に最も近づいたのは、9年ほど前に見つけた小さな池でのことだった。普通の人が行ける池ではなかった。わざわざ下見をして山道のルートを見つけ、チューブを担いで池の堰堤に出た。

フローターで1周するのに1時間もからない小さな池だった。護岸はなく岸辺はえぐれた土がむき出しになり、所々に松が張り出していた。池には3カ所のワンドがあり、一番奥とその右手のワンドに小さな流れ込みがあった。

その日は午前中雨が降ったため、少しだけ水が染み出し、チョロチョロと音を立てて流れていた。フローターでそこにたどり着いたボクは、ポッパーをキャストし、2回ほどポッピングアクションを加えた。するとすぐに水面が揺れ、「ボッ！」と、ショートバイト。ラインを引いてロッドを立てた瞬間、デカバスが口を大きく開け、ガバァッ！と水面から現れた。「デカッ！」。

高鳴る心臓へ挑んでくるかのように、何度もエラ洗いを繰り返し、方向を変えてこちらに突進してきたところでフックアウト。いったいどれくらいのサイズがあったろうか？　頭のデカさでいえば、ゆうに50㎝は超えていた。

魚だけが幸せにしてくれる

ひと月余り後、東京から来た友人と同じ池に行った。すると友人がそのビッグバスをキャッチしてしまった。この時ばかりは、おめでとうという気持ち半分、何でお前釣られちゃったの？の気持ち半分だった。サイズは57㎝。ボクが見たもっともロクマルに近い野池バスだった。

その後そのバスを釣ることはなかったが、運命は知ることができた。4年前の秋、久しぶりに様子を見に行ったところ、池は完全に埋め立てられ、中に重機が入っていた。あのバスはいったいどうなったのだろう？　生き埋めになったのか？そう思うとなんだか空しくなった。

「釣り人を幸せにできるのは魚だけである」。誰かがそんなことを言っていたが、まさにその通りだと思う。ボクのプカリ人生を幸せにしてくれるのも、魚以外にいないのだ。これからも野池のビッグバスとの出会いを大切にしていきたい。

座談会

楽しい釣りに垣根はない

バス&ギルのフライフィッシングへようこそ

●伊井明生さんと信広さんはご兄弟で釣り好き。幼いころからバスはもちろん、いろんな釣りをやりこんできた。バンブーロッド・ビルダーの大ノ木さんは明生さんとタッグを組んで、バス釣り用のグラスフライロッドを開発。中山勝さんは海外とも交流のある超絶技巧のフライタイヤー。自由な感じの４人の釣り人が集まって、楽しいバス／ギルのフライフィッシングのあれこれを語った。

左から
大ノ木直光 さん 埼玉県
中山 勝 さん 埼玉県
伊井明生 さん 群馬県
伊井信広 さん 群馬県

司会：「フライの雑誌」編集部

群馬県前橋市カーティスクリークで。バス釣り談義が止まらない。

中山さんのバスフライ

明（伊井明生） 最初に中山さんのフライを見ましょう。（69頁）

大（大ノ木） すごい。模様をどうやって出しているのかぜんぜん分からない。かわいい。

明 中山さんのフライは、全国的に大人気なんです。最近は世界中でバスバグがはやっています。アメリカのパット・コーヘン氏は有名で、ヨーロッパにも南アフリカにもタイヤーがいる。アートですね。

大 フライボックスからこれがでてきたら腰を抜かします。

中（中山） 使っていただけるとうれしいんですけど、なかなか使ってくれる方がいない。

明 ルアーのコレクションに近いかも。

信（伊井信広） ヘアをフレアさせてカットして、この模様が出るのが不思議。一発じゃないんでしょう。

中 一発じゃないです。仕上がりを想定してフレアさせてカミソリでカットしていきます。事前にこうしようというのはあまりなくて、その時々の気分で作ります。

明 素材はディア・ベリー（腹）ですか。

中 ほぼベリーです。ディア・ボディは太さが少し足りない。つるや釣具店さんのハンドクラフト展へ行ったら、サーモンフライ・タイヤーの方が僕のバスバグに興味をもってくれてうれしかったです。

明 中山さんはそもそもルアーからバスを始めたんですよね。

中 はい。だからフライでも動かしたいんです。渓流のフライもやりますけどドラグフリーは性に合わなくて、動かしたい。初めて渓流釣りへ行った時もマラブーフライを投げたんです。周りのフライの人には「そんなんじゃ釣れないよ」と言われたんですが、やっぱり釣れるんです。

固定観念とか先入観を持たないでやりたいので、フライフィッシングもあえて勉強しないで始めました。

モノとしての愛着

明　中山さんのバスバグにはモノとしての愛着を覚えます。釣りをしない人でも好きになってくれるし、もちろん釣りにも使える。サーモンフライも似たようなところがあるんじゃないかな。ルアーのトップウォーターの人は、オモチャみたいなプラグで釣るのが好きですね。突拍子もないモノで釣れる、それがバスという魚の認識なんですね。

—これを普通に釣り場で投げちゃうんですね。

中　必要があれば。(笑)

明　こういうフライに反応してくれる魚は、やっぱりバスが筆頭です。いろんな釣り方ができるのはバスの魅力です。入り口はエルクヘアカディスでもマドラーミノーでもいいと思うんです。その先にはこんな面白い世界もある。色使いにしても、あえてド派手にやってみる。地味にしたいのはフライマン的な発想かな。

信　ディアヘアをフレアさせたモサモサの状態からカットしていくんだもの、すごいですね。それにしても説得力というか存在感がある。

中　人を釣るフライです。(笑)

大　この巨大な空気抵抗のフライを気持ちよく投げられる竿か……。

ルアーの人とフライの人

明　ルアーの方からよく聞く

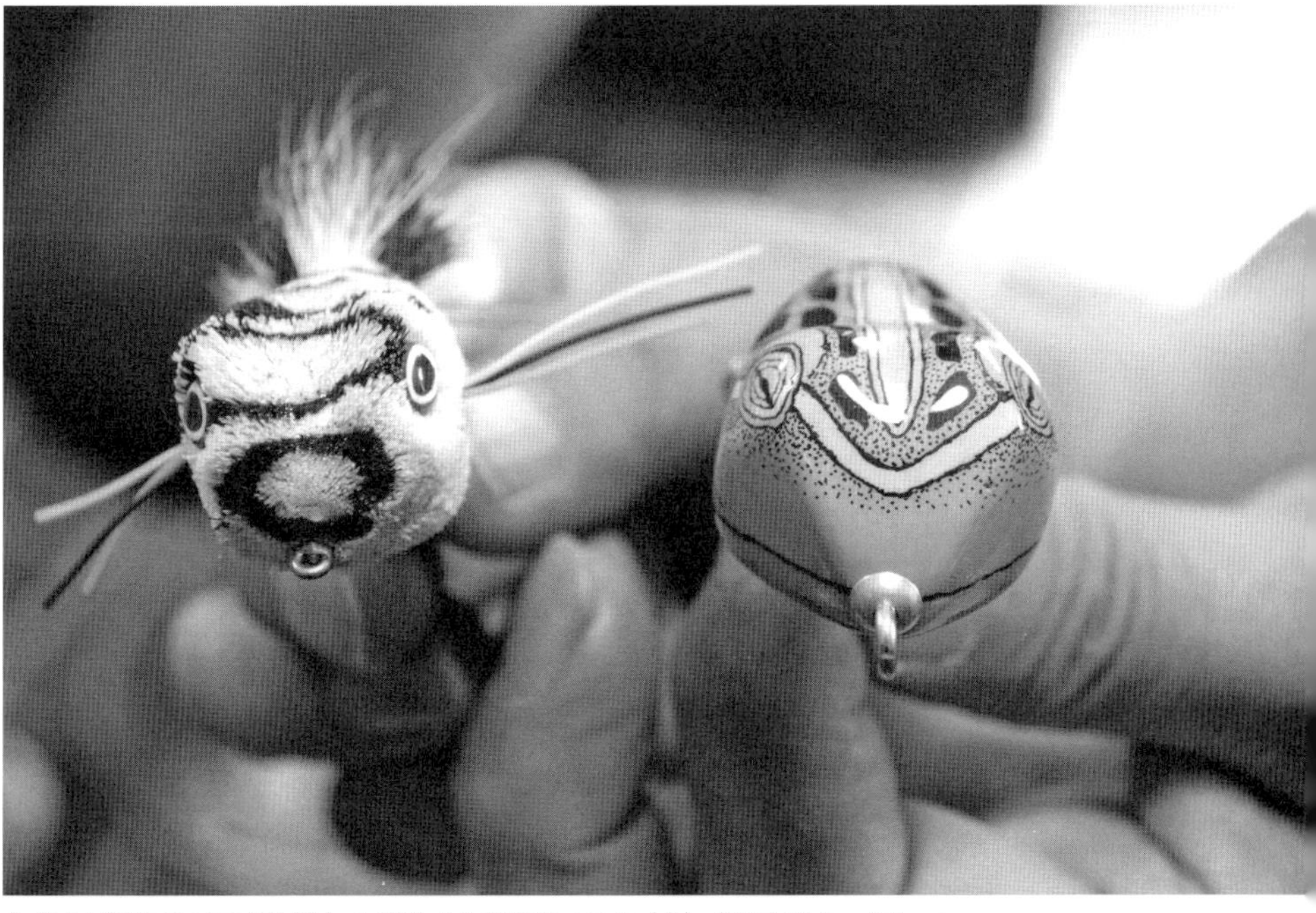

中山さん製作のヘアバグ（左）と明生さん製作のカエル（右）を正面から。かわいい。

のは、フライフィッシングはハードルが高い。ぼくはマスもバスの楽しさも分かるから思うんですが、突き詰めると、「フライフィッシングはファニーじゃない」ってことかもしれない。

バスの世界は陽気です。仲間と一緒にわいわい楽しむ。一人で行ってもいいんですが、池でも湖でも、何人かで釣り場をシェアして楽しめます。今いいキャスト決まったね、いい出方したね、って言い合いながら一日を過ごす。海のフライフィッシングもそうですね。カウントダウンや距離を互いに言いながら釣る。

渓流の釣り上がりはせいぜい二人までです。できれば一人の方がいい。その点、バス釣りは一人で行かないと楽しめないという釣りでは、ぜんぜんないですね。

——バスの釣り人はファッションも“今風”でしょうか。

明　アメリカだとバス釣りは「クール」な位置づけですね。

大　釣りは理屈じゃなくて楽しいからいいじゃん、でいい気がしますね。

明　バスのトップウォータープラグに、シリー・スタイル（馬鹿げたスタイル）という系統があります。ガイコツとか人魚とか、色使いとか、あえてとんでもないデザインのルアーで遊ぶ。釣果は二の次で、自分がこれと決めたルアーしか使わないストイックなトップの方もいらっしゃる。どんなスタイルでも人それぞれの楽しみ方です。

使いやすいバス用フライロッド

明　大型のバスフライは何回もフォルスキャストしないで、一発でスポットへ次々に入れていくのが基本です。コルクバグやヘアバグは空気抵抗がとても大きい。フローターやボートから岸際のピンポイントへ一発で入れるには、それなりの道具が欲しい。バスのフライロッドをデザインするにあたって、ミドルに乗るアクションでティップをすこし張らせて、最後の押し出しを強くする方向をとりました。

中　僕の周りの人は、バスのフライには短くてファストテーパーの竿がいいという人が多いですね。

明　ルアーの人のロッドアクションの呼び方は、フライの人とは少し違うんですね。スローテーパーは、テーパーがスローじゃなくて、スローアクションのことを、スローテーパーという。

今日振ったガルシアの竿は、かなりファストアクションでした。バットが強い先調子。投げづらいのかと思ったら、

ゆったりしたミドル寄りのアクションで最後までティップがしっかり残って大型フライを押し出すグラスロッド。

中山さんのスズメパターン。ツバメパターン（69頁）もある。

ティップが曲がりこんでラインの一部になって投げやすかった。

大　ロッドティップの30㎝ちょっとはロッドじゃなくてフライラインなんですね。そう考えるとティップが動くのは納得ができます。

明　楽にピンスポットへ入れたいという目的は一緒なのに、アプローチが逆。フライキャスティングに慣れている人と、ルアーのキャストに慣れている人とでも、ロッドの好みは全く違ってくるでしょうね。

憧れのバスの数釣り

―ずばり、ブラックバスはルアーとフライフィッシング、どちらが釣れるでしょうか。

明　小さな池で同じように毎日攻められるとバスもマンネリ化する。天候の変化でがらりと変わります。ルアーに比べたらフライのサイズは小さいですから、ルアーを見慣れた魚にはフライは効きます。

中　小さいコルクポッパーを使えば、明らかにルアーより数は釣れますね。

―水面だとデカいのは釣れないと言う方もいますが。

中　水面の方がデカいのが釣れます。

明　水面に出てくる魚は強い魚です。魚にとって水面に出るのは勇気がいることです。ただ水面は小さいバスが先に釣れちゃう。トップのルアーの人は、大きい魚を選択的に釣りたくてトップでやる。フライフィッシングは小さくて軽いものを遠くへ運べるのが優位な点です。大きいものも道具次第で、遠くへ運べる。

―バスを数釣りするコツは。

明　釣り場を選ぶ、ポイントを選ぶ。数が多いのは小さい魚です。大きい魚がいる場所は数が少ない。小さいのは20、30匹でスクーリングしていますから、彼らにやる気があれば延々釣れます。でかいバスの群れはせいぜい2、3匹です。サイズに関わらず、バスは捕食モードに入ってないとなかなか食わないですね。

中　食わないですねえ。

―やる気がない魚を釣るには。

明　ポップ音を変えるのも手です。餌を食いたくないバスは本来そんなにいないと思うんです。

バスの食い方とアワセ

―水面に置いたバスバグのフッキングはどうやりますか。

中　僕はカヤックの釣りが多いので、ラインがたるんでしまうことが多いんです。だからロッドをあおります。

明　フローターはロッドをあおると一緒にフローターも回っちゃうから、足ヒレも

バットがしっかりしていてティップがラインと一体化するガルシアのロッド。

カーティスクリークにはお手頃でレトロ感たっぷりの完成品コルクバグも並んでいる。

同時に動かします。

信　アワセは強いスイープみたいに、ロッドごと横へ引っ張りますよね。

明　マスはフライを食うと反転しますが、バスは水面のフライを吸い込むだけです。アワセないで放っておくと、呑むか、吐くか。

中　ぐーっと持っていきます。

明　遅アワセのほうがいいんですが小さいバスだと呑まれちゃう。バスがトップに出てくる理由は2種類です。侵入者として排除しようとするか、餌として食いにくるか。侵入者としてだったら、ルアーもフライもどんなに大きくてもいい。

　フライは侵入者としても、餌としても、意識させられるのが利点です。バスが虫しか食っていないとき、ルアーでは太刀打ちできないけど、フライなら独壇場です。

―着水のインパクトではフライはルアーにかなわないのでは。

明　湖で大きなルアーをドッボンと投げるのは、どこにいるか分からない遠くのバスに気づいてもらう意味もあります。

信　ほかの魚の捕食音と思わせて、活性を上げさせる。

明　ポップ音にもいろいろ種類があって、捕食音だったり、小魚が逃げ回る音だったり。日によって効果が違う。パシャがいい日と、コポコポがいい日と、ガボンッがいい日がある。バスという魚は、いくらスレていても気分次第のところがあるようです。

信　スレていても、時と場合によって、自分を見失っちゃうことがあるみたい。知能が高いんだか低いんだかよく分からない。（笑）フライの後ろをずっとついてくるのもいる。ついてくる魚はたいてい食わないですね。バスが食う時は、ルアーでもフライでも回り込んで、頭から食います。

明　マスのフライでも、テンカラでも、魚が上を向いてないときに、わざと水面を騒がせますよね。ポンと投げてすぐ上げるのを繰り返してイライラさせて、タイミングをみて食わせる。

　バスも同じです。ただバスはいったん無視しはじめると、これがどうしようもない。（笑）食性も性格も、バスもマスと同じくらい研究対象として面白い。全部ひっくるめて遊べるバスのフライフィッシングは、相当深い釣りです。

最初のタックル

―これからバス釣りをする方へのアドバイスをお願いします。

明　渓流用の4、5番ロッドに、フライは大きめのエルクへアカディスで充分です。

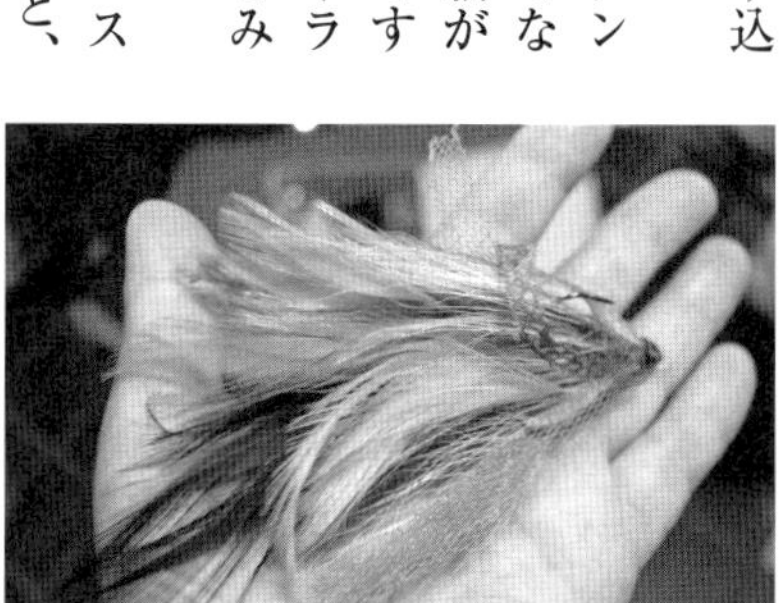

中山さん作「ボブ」。アメリカ先住民がこれを使ってバスを釣ったと言われている。

茅の軸を利用したチューブ・ポッパー。フックの重量で姿勢を調整する。

テレストリアル・フライでももちろんいい。

　釣具屋さんで小さめのコルクポッパーを2、3個買ってもいい。リーダーは7フィート半の太め。真冬以外なら小さいバスやブルーギルは、フライで簡単に釣れます。沈めるならマラブー系でいい。

　基本はフローティングラインです。遠浅の湖だったら膝まで入って扇型で投げていく。バスは回遊してきますから。

信　藻の上をうろうろしてきますね。

明　積極的に水面でフライを動かすと面白いですね。マドラーミノーをポッピングさせたり引き波を出す。エルクヘアカディスも動かしましょう。放置した方がいい場合もありますけれど。

—ブルーギルはフライを呑みますよね。

中　（笑）呑みます。

明　ギルはバーブレスフックにした方がいいですね。おちょぼ口で吸い込む感じで食ってきます。

今までとは違う世界

明　バスのフライには、ルアー的なアプローチと、フライ的なアプローチがあります。フライロッドルアー（フライロッドで投げる小型ルアー）はルアー的で、ヘアバグやマドラーミノーはフライ的といえます。

　1940年代から'70年代くらいまでは、大手のメーカーがウッドやプラスティック製のフライロッドルアーを売っていましたが、ほとんど絶滅してしまいました。かわいいフライロッドルアーが世の中から消えてしまうという危機感があります。いま開発しているのは、茅を利用した中通しのチューブフライです。後ろに羽のついたフックを通す。軽いから低番手ロッドで投げられます。中禅寺湖のマス釣りでも使えそう。

　フライの人はもちろん、ルアーの釣り人にも、ぜひバスとギルのフライフィッシングをやって欲しいです。ルアーの人はコルクポッパーみたいなフライに「お、面白そうですね。」と反応してくれます。

　ルアーとフライの一番大きな違いはキャスティングです。6番以上の高番手で、フロント寄りのテーパーのフライラインとマッチしたロッドの組み合わせなら、釣りになるだけのキャスティングはすぐに習得できると思います。

　マス釣り専門のフライフィッシャーは、バス釣りに誘っても興味をもってくれない傾向があるんです。一歩踏み出してみればそれまでとはちがう大きな世界が広がっています。ベテランさんはフライフィッシングの初心者さんに固定観念を押しつけないようにすればいいと思いますね。フライフィッシングの流れはひとつではなくて、なにを面白いと思うかはそれぞれなので、仲よくやりましょう。

　そういえば、榛名湖でブラックバスを釣り上げたら、後ろから観光客のお姉さんに「なんていう魚？」って声をかけられたことがあります。ブラックバスですよって言ったら、「まあ、たいへん。殺しなさいよ。」って言われた。

　こわいですよね。バス釣りだけの問題ではないです。でもじつは群馬県は、つい30年ほど前まではルアー釣り禁止の県だったんです。それを思えばいまは自由です。

「バス・マドラー」の時代
昭和の相模湖にはブラックマスがいた

堀内正徳

まだまだ謎だらけ

日本のフライフィッシング史開花期に名を刻む書籍といえば、『フライフィッシング教書』（シェリダン・アンダーソン、田渕義雄／晶文社出版1979）、『フライマンの世界』（沢田賢一郎／つり人社1978）と『ザ・フライフィッシング』（アテネ書房1980）の3冊である。

3冊におけるバス釣りの扱いはそれぞれ異なる。『教書』では田渕さんが「ぼくは、ブラックバス・クレージーになんかなる気がない（中略）渓流が忙しい」とチャラっと断言。『フライマンの世界』では、バス釣りへの言及はバグの釣り絡みでのたった10数行のみ。『ザ・フライフィッシング』は、洒落たイラストとともに、5ページの分量で田中啓一さんの〈コルクバグによるバス〉を載せた。

'80年代初頭からフライをやっている同世代とバスのフライについて話すと、『教書』の「バス・マドラー」の話題がぜったいに出てくる。

「湖沼の水温が高くバスが水面近くに浮いている季節の、フライロッディングによるバス釣りほど、何の造作もなく、誰にでもバスが釣れる釣りもめずらしい。ストリーマーを浅く沈めてもいいが、サーフェスをひくポッパーやバスバグやバス・マドラーが楽しくもありよく釣れる。そして何んといってもバス・マドラーで一度トライしてみるべきである。この魚が哀れにおもえるほど釣れる。」（214頁）

大小10匹のバスを足元へ転がしてある写真に、「2～3時間でこのくらいのブラックバスを釣らなくちゃ、上手とはいえない。」という人を喰ったキャプションが添えてある。

中学生のわたしのフライフィッシングの最初の対象魚は、ブラックバスだった。

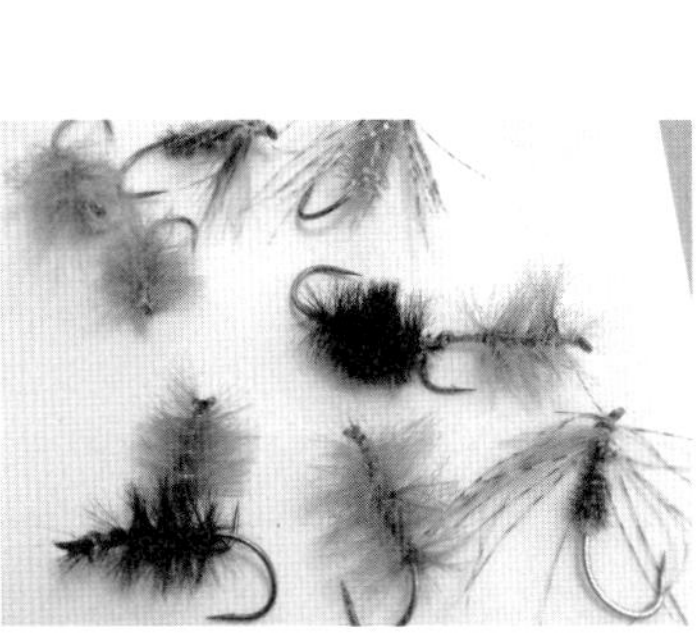

（左）近所の小学生が巻いたバス／ギル釣り用のフライ。クロスオーストリッチ、ソフトハックル、ボディハックルなしのエルクヘアカディス。サイズは 10 番中心。
（右）夏に短パンで沖へ立ち込んで、岸のアシ際へ投げたらグン。この日のフライはTMC200R #10 へ細身に巻いたオポッサム・ニンフ。モンカゲロウの釣り用を流用。

フライフィッシングは道具が高い。用語がわからない。キャスティングが難しい。やってる人がいない。ないないづくしで憧れた。メーテル級。ルアーはタバコ屋のお姉さんくらいで、ぐっと身近。

他の人がやっているルアーではなく、自分はフライをやりたかった。ところがフライでバス釣りをやると、ぜんぜん釣れない。羽根バタキでせっかく自己流バス・マドラーを巻いたのに。

田渕さんのバス釣りの舞台だった'70年代後半の河口湖は、本当にフライなら簡単にバスが釣れたんだろう。そこからわずか10年足らずで湖の事情が変わったのか。人間が急増した。バスが減った。

いま言わせてもらうと、バス・マドラーではサイズが大きすぎた。エルクヘアカディスの10番だったらバスもギルももっと楽に釣れたはず。であるけれども、『フライフィッシング教書』のたった見開きぽっちのエッセイには、バスのフライフィッシングの面白さと魅力と不思議が凝縮されている。

「正直いってこの魚に関しては、未知なことが多い」(214頁)、「バスに興味のある人は、自信をもってフライロッドでの新しい釣り方にトライすればいい。フライロッドでのバス釣りは、ルアーのそれ以上に可能性を秘めたものだと信じます。」(215頁)

メーテルもブラックバスも、まだまだ謎だらけだ。

大人は信用できない

小学校の長い長い夏休みは、山梨県の河口湖のほとりですごした。歩いてゆける範囲でブラックバスを狙い、安価な振り出し式の万能竿で毎日ルアーを投げた。ブラックバスが釣れたら大騒ぎして持ち帰り、親と親類縁者に見せてから食べた。

ある日、北岸の葦原でダンサーを投げると、30㎝弱のバスがかかった。大興奮して引き寄せ、岸へずり上げた。そこに現れたのが河口湖漁協のおじさんだ。

「ブラックはワカサギを食うから殺してもらわないと困るずら。」

と言って、バスの腹を長靴の底で踏みつけ、尻尾をつまんで後ろへ放り投げた。わたしのバスが葦の中に落ちた、ガサッという音を覚えている。

1989年、河口湖漁協はワカサギ不漁と、空前のブラックバス釣りブームを理由に、ブラックバスの漁業権を全国で初めて取得した。

それまで蛇蝎のように忌み嫌い、殺しまくっていたブラックバスを一転、どんどん増やしたいという。バスを釣りたいなら、遊漁料を払えという。バスはワカサギを食うから悪い魚だったはずなのに、なんで増やすのか。

同年「フライの雑誌」第9号に〈ブラックバスを漁業権魚種として容認する推進役を担った河口湖漁協組合長〉という、バスの漁業権取得は水産のエポックだと評価する記事が載った。

わたしはまったく納得できなかった。なにが水産だ。勝手すぎやしませんか。私怨に近い澱のような思いは、大人になってからもずっと残っていた。

2000年代に入ると、外来生物法の騒ぎが始まった。漁協も釣り人も釣り業界も学者もマスコミも、政治家も釣りを知らない市民も、それぞれの都合でてんでに勝手なことを言った。

最後に小池百合子が出てきて、ご英断だそうだ。ばかばかしい。人の手のひらはひょいひょい返される。猪木に騙され、「人間不信」と書き置きして失踪した坂口征二の気持ちが分かる。

　わたしはあの時の、わたしのバスを返して欲しいだけだ。

ブラックバスの呼び名について

　魚の呼び名は面白い。琵琶湖産コアユの放流と一緒に全国に広がったオイカワが各地で珍しがられ、新しく地方名がついたという逸話が単行本『オイカワ／カワムツのフライフィッシング』にあった。人工絹糸（レーヨン）が身近になるのと同時期に現れた魚だから、「ジンケン」。傑作は、「シンチュウグン」で、これは進駐軍のことである。

　ブラックバスの出自を改めて確認すると、政府御用達の軍需品貿易商として富を築いた実業家の息子の赤星鉄馬氏が、1925年（大正14年）にアメリカから箱根・芦ノ湖へ移入。ラージマウスバスとスモールマウスバスが同時に入っている。

　ブルーギルは1960年（昭和35年）に当時の皇太子明仁親王がアメリカから持ち帰ってきたものを一碧湖へ放流したのが日本に入った最初だ。（後年、「心を痛めています」と発言している）

　オイカワと同じで、ブラックバスも各地へ広がるのと同時に、新しい名前、愛称、略称、蔑称をつけられていた。「バス」がもっともポピュラーだが、大阪方面と富士五湖では「ブラック」も普通だ。

　昭和後期、神奈川県相模湖のボート屋さんは、明らかに「ブラックマス」と発音していた。もっと凄いのが、わたしが高校時代に仲間とキャンプへ行った箱根・芦ノ湖の売店の人だ。「コーマス」と呼んでいた。ブラックバスじゃなくてコーマスですか？と確認したから間違いない。

「コーマスだってよ、コーマスってなんなんだよ。コーマス、コーマス、コーマス。」

　なぜか興奮した高校生たちは夜のキャンプ場で大騒ぎした。

ブルーギルは初心者向き

　フライロッドで最初に釣る魚は、ぜひ水面のフライで釣ってもらいたい。

　魚がとつぜん水面を割ってこちらの世界に飛び出してくる経験を味わってしまったがために、トップ依存症になった人は全世界で数億人とも言われ、大きな社会問題になっている。

　ブルーギルの場合は水面を割るというより、おちょぼ口で吸い込むのが、ちょっと迫力不足だ。

　大きめのエルクヘアカディスでいいから、初夏から晩秋に、藻穴の上を水面をスイーッとゆっくりスケートさせる。近所にギルがいれば必ずわらわらと湧いてきて群れで追い、フライをストップさせるとチュボッと吸ってくれるはずだ。

　夏の青空を映した水面を滑る白いドライフライは、よく見えて美しい。

　よく言われるが、バスとギルでは同じサイズならギルの方がずっと引く。フッキング後にギルは横っ走りするが、ヘラブナやクロダイのような幅広の体型のため、20㎝を超えると3番ロッドでは止められない。

　糸の先に結んだウチワが、水中で横になって抵抗するようなものだ。ただし、強いのは一瞬である。

　アメリカのフライ入門書では、釣り好きの父親が幼い子どもを連れて行く最初の釣りに、バスとギル釣りがよく勧められている。〝子どもには、自分一人で魚を釣ってもらおう。いい釣り仲間ができるか、そこから先は神さま次第だ。グッドラック!〟などと書いてある。

　また河口湖の話だが、30年くらい前の河口湖には、いい型のブルーギルがごちゃまんといた。ある夏の日、思い立って、わたしはおかんを湖畔へ連れだし、4番のフライロッドで10番のエルクを5ヤードも投げてやり、ロッドを手に持たせた。

　この太い糸を少しずつ手で引いてみて、と指導したら、これが釣れに釣れた。「釣りって釣れると面白いじゃないの。」と、おかんから言われることに成功した。

　ブルーギルはフライタックルでなくても、テンカラ仕掛けでも十分釣れる。釣り初心者の奥さん、夫、彼女、彼氏、子ども、おかん、おとんと一緒にブルーギルで遊ぼう。

　バックスペースがなかったり、ポイントまで多少距離がある場合は、ルアーのタックルにウキとオモリをつけ、マラブー系統のフライを結んで投げて、水面下50cmくらいのタナをずるずると引きずってくれれば、ウキが気持ちよく沈んで、バスやギルが釣れます。

スモールマウスバスについて

　現在、ネットには各地の川でのスモールマウスバス釣りの個人発信の動画が、いくらでも出ている。でもバス釣り雑誌には川のスモール釣りの記事は載らない。

　日本の川でスモールマウスバスの釣りは、表向き「ないことにしたい」のだ。寝た子を起こすな、ということらしい。

　外来生物法のとき、バス釣り業界のほとんどはきちんと勉強しておらず、腹がすわっていなかった。許認可事業を営んでいたり、上場しているような大きな会社ほど腰が引けていた。そこは今でも変わらない。

　釣りをとりまく社会情況は、年々息苦しくなっている。外来生物法制定時の無茶苦茶ないきさつを知らない若い人も増えている。釣りと生きものをよく知らない人々が、それぞれの思惑や一過性のノリで、「バス釣りは犯罪」と喧伝した。その後遺症がなおある。

　ブラックバス釣りに限らず、若い人たちが釣りすることに後ろ暗い気持ちを持つような社会を、後世へ残しちゃいけないと、つくづく思う。

　大人はときどき色んな都合で、あるものをないことにする。ないものをあることにする。目論見を見抜こう。結局損をさせられるのは、自分たちの未来だ。物事を自分の頭で判断して自分の言葉で語れるように、若い人ほど勉強しよう。

　こういうことって、釣りだけじゃないのは言うまでもない。

「外来魚回収BOX」（琵琶湖）。
なんと悪趣味なネーミングだろう。

□バス／ギルのフライフィッシング用語集　山本克典

アウトレット　止水域の水が下流へ流れ出す場所。
アフタースポーン　産卵後をさす。バスのオスは卵や稚魚を保護し、メスは休息する。
インレット　流れ込み。
ウィード　水草、藻。
ウォームウォーターフィッシュ　適水温が18～25℃の魚。温水魚ともいう。
馬の瀬　岬の先端から沖に延びる地形。
エラ洗い　バスがヒットした後にジャンプすること。バラシの原因になりやすい。
オーバーハング　樹木や岩が水面に張り出していること。またはその下の影になっている部分。
カバー　障害物。バスやギルが身を隠したり、捕食のために待ち伏せする。狙うべき場所。（類）ストラクチャー。
ゴーマル　50cm級のバス。ほぼ50cmの意味も。（類）ゴンザレス、ゴジャップ。
ゴロタ　湖岸や湖底に転がっている岩。護岸や消波目的で沈められた岩のこと。多数ある場所はゴロタ場という。（類）リップラップ。
サンドバー　河口に砂が堆積してできた平坦なエリアのこと。扇状に広がっていることが多い。
シェード　日陰。バス／ギルは日陰が大好き。
ショアライン　水と陸の境目。河川、湖など自然の岸をさす。
スクール　魚の群れ。小さいバスは群れで行動している。これがホントのスクールバス。なんちゃって。
スタンプ　切り株。
ステイン　笹にごりの状態。クリアとマッディーの中間。
ストラクチャー　本来の意味は「構造、構造物」だが、釣り用語的には「障害物」でカバーと同義。
スナッグレス　根掛かりしにくい構造や仕掛けのこと。
スポーニング　産卵行動、産卵期。
ダイビング　バスバグのアクションのひとつで水面直下に潜らせること。
ターンオーバー　止水域において、水温差や風の影響で浅場と深場の水が入れ替わる現象。秋に起こりやすい。
チャンネル　ダム湖の湖底に残るかつて川だった痕跡。他よりも深い。チャネルとも。
テクトロ　テクテク歩くトローリングの略。岸と平行にフライを引っ張る。案外釣れる。
トゥイッチ　フライを不規則に動かすテクニックのひとつ。ロッドティップを小刻みに動かしたり、強弱をつけてラインを引っ張るといい。
トップ　水面で誘うルアー、またはそれを使うスタイル。
ドロップオフ　急斜面、急角度のカケアガリのこと。
ニアディープ　近くに深場がある時に使う。（例）春はニアディープのシャローが熱い。
ネスト　産卵床。産卵床を狙うことをネスト打ちという。
ハードボトム　岩盤、石、砂礫、コンクリート等の底が硬い場所でバスが好む。春～初夏はバス／ギルの産卵場所にもなりやすい。
バックウォーター　ダム湖の最上流部で川と湖の境界エリア。夏場になると冷水を求めてバスが集まりやすい。
ハンプ　出っ張りのこと。主に水中の地形をさす。（例）思った通り水深7mのハンプで食いよったワ！
フィーディング　捕食行動。
フィネス　繊細かつ丁寧に釣っていくスタイルのこと。
複合カバー　2種類以上の障害物が複合しているカバー。
プリスポーン　産卵前の状態。一般的にバス／ギルの体重が1年でもっとも重くなる時期。
ブレイク　水中の急峻な地形をさす。カケアガリと同義。
ベジテーション　水生植物。代表的なのはハス、ヒシモ、アシ、ガマ、アサザ、オオカナダモなど。
ポーズ　バスバグやポッパーのアクション中、意図的にストップさせること。ポーズ中やポーズ後の動き出しで食うことが多い。
ホットケ　バスバグやフローティングミノーを投げて、動かさずに待ち続ける釣り方。
ポッピング　バスバグやポッパーを使い、音や泡、水飛沫を上げて誘うこと。
マンメイドストラクチャー　桟橋や橋脚、取水塔、導流堤など人工的に造られた構造物系の障害物をさす。（類）ストラクチャー。
ヤブ漕ぎ　背丈かそれ以上に繁茂した草むらやヤブをかき分けて水辺まで行くこと。いやがる人が多いので、有名釣り場でも竿抜けポイントがあったりする。
リアクションバイト　バスやギルが食欲ではなく、反射的に食いつくこと。これを誘う釣りは低活性時に有効。単にリアクションとも。
リグ　仕掛けのこと。ルアーではワームを使う時に、フックの刺し方で動きが変わるため、さまざまなリグがある。
リップラップ　ダム湖や溜め池の堤体を保護する敷石。堤体がないゴロタ場や石積み護岸もリップラップと呼ばれることがある。
リリーパッド　本来はウォーターリリー（スイレン）に覆われた水面のことだが、スイレン以外のアサザ、ジュンサイ、コウホネ、ヒシモなどの群生も、リリーパッドに含まれる。直射日光を遮り、溶存酸素も豊富でエサになる生物も多い。バス／ギルにとっては快適な場所のようだ。
レイダウン　岸から水中に倒れ込んだ樹木のこと（竹も含む）。枝葉がついたまま水中に没しているため、単体でも複雑なカバーになりやすい。また樹木が朽ちることでさまざまな微生物や昆虫、小魚等が集まりやすいため、バス／ギルにとっては隠れ家とエサ場の両方を兼ね備えている。
ロクマル　60cmを超えたバスのこと。畏敬の念を込めて「様」の敬称を付ける人もいる。
ローライト　朝夕のまずめ時や曇りの日のように、太陽光が少ない状態をさす。
ワンド　湖や河川にある湾のような地形のこと。浅瀬になっているのでバスやギルがエサを求めて集まりやすい。

□バス／ギル釣りのルールについて　2024年7月調べ

バス／ギルを釣るにはルールを守らなければならない。オオクチバス属とブルーギル属は特定外来生物に指定されている。

まず国の「外来生物法」、そして各都道府県の「漁業調整規則」、内水面漁場管理委員会が出す「委員会指示」、各「条例」、漁協の「遊漁規則」を守ること。再放流《リリース》を禁じている（リリ禁）釣り場もあるが、バス／ギル釣り自体は禁止されていない。キャッチ&リリースしたい場合は、リリ禁ではない釣り場で釣ろう。

リリ禁は守るべき

リリ禁とされている釣り場では、誰も見ていなくても、規則を破ってリリースするのは絶対にやめよう。正直リリ禁の措置には納得できない面もある。現状はバスとギルの生息数が明らかに減少していると実感している人も多いだろう。だからといって規則を守らないのは、釣りを社会的に衰退させることに繋がりかねない。

７つの要点

外来生物法の要点を以下に列挙する。

①バス／ギルを釣っていい

釣りそのものを規制しない。これは環境省の公式見解だ。日本国内でのバス／ギル釣りに全く問題はない。

②キャッチ&リリースOK

釣り人が釣った水域にリリースするのは問題ない（リリ禁の釣り場を除く）。

③生きたままの運搬は禁止

ただしボートのいけすに入れて同じ水域は移動できる。岸釣りでも隣接する道路より内側の岸を移動するのはOK。

④飼育、売買の禁止

許可なく飼育したり、生体を売買できない。

⑤受け渡し禁止

生きたままのバスやギルを手渡したり、受け取ったりできない。ただし釣り大会などで一時的に検量係に渡すのは問題ない。

⑥移殖の禁止

生きたバスやギルを釣った水域とは異なる水域に放すのは禁止。

⑦輸入の禁止

以上７つの要点を踏まえて、バス／ギルのフライフィッシングを楽しんでほしい。規則を知らない人には教えてあげるのもいい。外来生物法は環境省のホームページに分かりやすいＱ＆Ａが公開されている。⇨

ラージマウスバスあるいはブルーギルのリリースが禁止されている地域例

地域	規制の種類	備考
岩手県	委員会指示	県内全域でリリース禁止
秋田県	委員会指示	県内全域でリリース禁止
宮城県	委員会指示	県内全域でリリース禁止 指定の管理釣り場2カ所はOK
山形県	委員会指示	前川ダムはラージマウスバスのリリースOK
新潟県	委員会指示	県内全域でリリース禁止
栃木県	委員会指示	県内全域でリリース禁止
埼玉県	委員会指示	県内の公共用水面でリリース禁止
神奈川県	委員会指示	漁業権設定水面でのリリース禁止 芦ノ湖を除く

地域	規制の種類	備考
長野県	委員会指示	野尻湖はラージマウスバスのリリースOK
山梨県	委員会指示	河口湖、山中湖、西湖はラージマウスバスのリリースOK
滋賀県	県条例	県内全域でリリース禁止 琵琶湖では例外あり
広島県	委員会指示	江の川水系の公共用水面のみリリース禁止
鳥取県	委員会指示	県内全域でリリース禁止
佐賀県	県条例	北山ダム（北山湖）はリリースOK
熊本県	市条例	熊本市条例により江津湖地域は指定外来魚のリリース禁止
鹿児島県	市条例	薩摩川内市条例により藺牟田池での特定外来生物魚類のリリース禁止

TIMEX

楽しく釣ろう！

ブラックバス／ブルーギルのフライフィッシング

INDEX

※書き下ろし＋『フライの雑誌』掲載記事を編集構成

編集 『フライの雑誌』編集部、山本克典

発行日 ２０２４年９月20日初版

編集発行人 堀内正徳 校正 西村亮一

印刷所 （株）東京印書館

発行所 （有）フライの雑誌社 www.furainozasshi.com
〒191-0055 東京都日野市西平山2-14-75
Tel.042-843-0667 Fax.042-843-0668

Published/Distributed by FURAI-NO-ZASSHI 2-14-75 Nishi-hirayama,Hino-city,Tokyo,Japan